杭《くい》の深層

橋本友希

まえがき

近年、建築に関わるトラブルの報道が増えています。その度に、経営トップがテレビで懺《ざん》悔《げ》の記者会見をするというお決まりの絵面です。建築法令の改正にまで及んだ姉歯事件をはじめ、最近では東洋ゴムの免震装置、ＫＹＢのダンパー、レオパレス21の界壁、大和ハウスの耐火壁の違法な施工などがあげられます。これらはすべて地上部分の構造に問題があったケースですが、最近では「杭」のトラブルで建替えにまで及んでいる事件が連続して起きています。二〇二一年八月には海老名駅改良工事で基礎杭の施工不良が発覚し、大幅な工期の遅延が報じられています。

本書では、その「杭」について起こっているトラブルについて、杭基礎の基本に立ち戻り、その根本原因にさまざまな角度から迫ってみたいと思っています。

前頁カラー写真：杭の鉄筋カゴ

杭工事の不適切な施工による建替えなどが社会問題化する中で、国土交通省が中心となり杭施工のガイドラインなど改善策が出されていますが、海老名駅のような不適切な杭工事が後を絶たない現実があります。大規模なマンション建替えにまで発展した杭の施工不良問題を受けて設置された、基礎ぐい工事問題に関する対策委員会「中間とりまとめ報告書」では、「発注者」「設計者・工事監理者」「元請」「一次下請」「二次下請」「三次下請」のそれぞれの立場での課題がまとめられ「再発防止策」が提言されています。

本書では実際の業務の流れを特にマンションについて事業者、設計者、元請施工者、下請協力会社、そしてユーザーの立場から、トラブルとなる要因を洗い出し、その内容を検証して、建築にたずさわる技術者としての立場を通じて業界の向かうべき方向について私なりの意見を述べたいと思います。

具体的には、第一章では「杭」の基本について、過去に遡《さかのぼ》り、木杭から現在の杭までの流れについて述べています。

第二章では杭を支えるさまざまな地盤について、また日本列島の成り立ちから、特殊地盤といわれる全国各地の地層について述べています。この章からは日本列島という世界でも稀な地殻プレートが複雑に入り組んだ地盤の上に大都市が建設され、原子力発電所などの重要施設も建設されているということを改めて認識できればと思います。

第三章では杭設計の基本について述べていますが、杭の設計は、ある意味自然との闘いの始まりであり、詳細な設計基準を満足させ、図面を完成させることだけが設計ではありません。実際に建設地に足を運び周辺の地形や建物を観察することも設計の一部と言えます。

第四章では杭の不適切な施工などについて具体的な事例と考えられる原因について述べていますが、地震の影響で建物が傾いたり、壁にひび割れが生じたりすることで不適切な施工が判明することが多くなっています。その具体的なメカニズムについて過去の事例などを参考に述べています。一方で地盤は複雑でさまざまな要因で杭に被害が生じることも多く、原因の特定が難しいことも事実です。

そして第五章からはいよいよ杭の安全性の基本的な考え方について触れていきます。特にマンションについては、私自身の事業者として、また設計者としてのさまざまな経験をもとに、これまでほとんど触れられていなかった立場で述べています。そこには最低基準である建築基準法をクリアすれば十分とする事業者や、コスト最優先の元請施工会社、そして結果的に設計図と実際の地盤が異なる場合でも「設計図通り」に施工することを求められ、現場で苦悩する下請協力会社の存在があります。

さらに第六章では杭の設計の実態について事業者や設計者や施工者がどのように関わっているかについて述べています。また、「設計図通り」ということについてもなぜそのような判断に至るのかについての問題点について述べています。

第七章では杭のみならず、建築業界全般に関わる根本的な課題についてまとめています。国土交通省の「建設産業政策会議」などで今後の建設業のあり方について詳細にまとめられていますが、特にマンションについて建築関連法規と実態が乖離《かいり》しつつある現状について原点回帰の必要性を述べています。

第八章では、杭業界の複雑な構造について私の経験から整理し、簡略化した図を交えて解説しています。また、これまでも課題とされていた建設業界の重層構造が抱える問題点について述べています。最後に今後、杭で大きなトラブルを起こさないようにするために、進むべき方向性を示しています。

本書は私がこれまで経験した建築に関する事実をもとに構成しています。思い込みや事実誤認の可能性をできるだけなくすために、事実確認という意味で過去の参考資料を可能な限り書き添えています。また、どうしても専門用語が多くなってしまうため、用語解説や簡略化したスケッチを用いています。

また、「基礎工」などの土木系雑誌や論文を参考図書としてあげていますが、あくまで建築物の基礎についての話であることを申し上げておきたいと思います。私自身が建築コンサルタントとして杭について相談を受けた時点ではどうしようもない状況になっていることも少なくありません。今も杭の設計や施工の信頼性については本当に大丈夫なのか心配でなりません。

本書を通して、建築物の健全な杭の設計や施工とは何かをそれぞれの立場で考え、業界として健全な発展につながる参考となれば幸いです。

二〇二一年一一月

9　丸ビルの杭頭斫り工事。地下50mでの作業

杭《くい》の深層

目次

目次

一　杭とは

近代都市の発展を支えた松杭

「杭」を打って建物を支えている地盤は、一万年単位で大きく変動している。現在は、約一万年前に海面が数メートル上昇した「縄文海進」の後に堆積した地層の上に、多くの近代都市が建設され、日本はこれまでにない繁栄を謳歌している。世界でも稀な火山地帯の日本の繁栄は、この変動する地盤上につくられた「杭」に大きく依存していると言っても言い過ぎではあるまい。

「杭」と聞いてまず何を思い浮かべるでしょうか。杭という漢字は、大地を覆う木の図と、盛り上がった喉仏《のどぼとけ》の図を組み合わせて成り立っています。杭に関係することわざも多く、「出る杭は打たれる」「焼け木杭《ぼっくい》に火が付く」など、古くからの人間と杭との密接な関係を表すものです。

川や湖などで見られる桟橋は、水中に木の杭を打ち込み、板を渡すという単純なもので、今でも世界中で見ることができます。日本でも古くから川に橋を架けるために杭が用いられ、宇治川の合戦※注の絵（図1）では、川に打ち込まれた杭に渡した板を取り外し、馬の進行を止めようとする様子

宇治川の合戦
京都の東南の防衛線であった宇治川に架けられた宇治橋での合戦。源頼政が平家軍の進軍を防ぐために宇治川の橋板を外して馬が渡れないようにした。

図1　宇治川の合戦

が描かれています。豊臣秀吉の時代に水路が発達した大阪では、多くの橋が架けられ、川の中に杭が打ち込まれた記録が数多く残されています。

このように多くの橋を支える基礎として用いられてきた杭ですが、建物の基礎として本格的に用いられるのは近代になってからとなります。それまでは、大規模な木造建築物は土を突き固めた堅固な地盤の上に基礎となる礎石を置き、その上に柱を固定せずに載せる方式が多く用いられていました。

本章では、杭の始まりから最近の杭基礎の動向についてまとめていますが、大規模な建築物の歴史自体が比較的近年のことであり、日本が複雑な地盤で構成されているということを考えると、今後、杭基礎は国土を有効に利用し、発展させるために必要不可欠な技術であることは間違いありません。

一－一　杭の始まり

杭の歴史は古く、縄文時代まで遡りさまざまな調査研究がなされていますが、その原型は「木道」と呼ばれる板を並べただけの簡易なものです。今でも尾瀬などの湿地帯で数多く見られ、これが日本での杭の始まりではないかとされています。その後は日本全国規模で人々の行き来が始まるとともに川に架けられる橋の基礎として木杭が用いられ、平安遷都など大規模な都の建設に伴い、多くの橋がつくられています。前述した京都の宇治橋などは歴史上の合戦の舞台として有名ですが、現存する橋の杭としては鎌倉時代のものが相模川河口付近で発見され、現在もレプリカとして保存されています（図2）。

一方、明治時代に入り建築物の立地条件が重要視されるようになると、それまでのように堅固な地盤上に建設することが難しくなります。特に現在の東京駅周辺は鉄道交通の要地として、また、近代的なオフィス街として発展していくために大規模な建物の建設が求められ

図2　旧相模川の杭

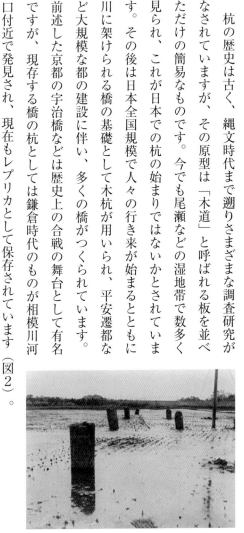

ていました。

　そこで用いられたのが比較的均質で強度もある「松杭」で、その後は昭和初期まで旧第一ホテル東京などでも松杭が採用されていました。詳細な調査によると、これら松杭は旧東京駅丸の内駅舎で一万一〇五〇本（図3、図4）、旧丸ビルで五四四三本打ち込まれ、当時としては最新の大規模建造物を八〇年以上支えていたことになります。現在では、東京駅舎内や丸ビルの一階の行幸通り側エントランス付近に、掘り出された松杭が展示・保存されています（図5-1）。

　しかし第二次世界大戦後は森林保護の観点もあり、経済的なコンクリート製の杭が主流となり、特に建築分野では既製コンクリート杭や場所打ちコンクリート杭の開発が進み、今日に至っています。巻末の年表「杭の歴史」に詳細を記載した通り、最初に杭の設計に関心が集まったのは宮城県沖地震での既製コンクリート杭の被害でした。それに伴い上部構造だけでなく基礎構造の耐震性の研究が進み、その後に多くの施行令や告示が出され、業界全体で国土交通省の指導の下で健全な杭の設計と適切な施工を目指しています。

図３　旧東京駅南口付近の杭工事

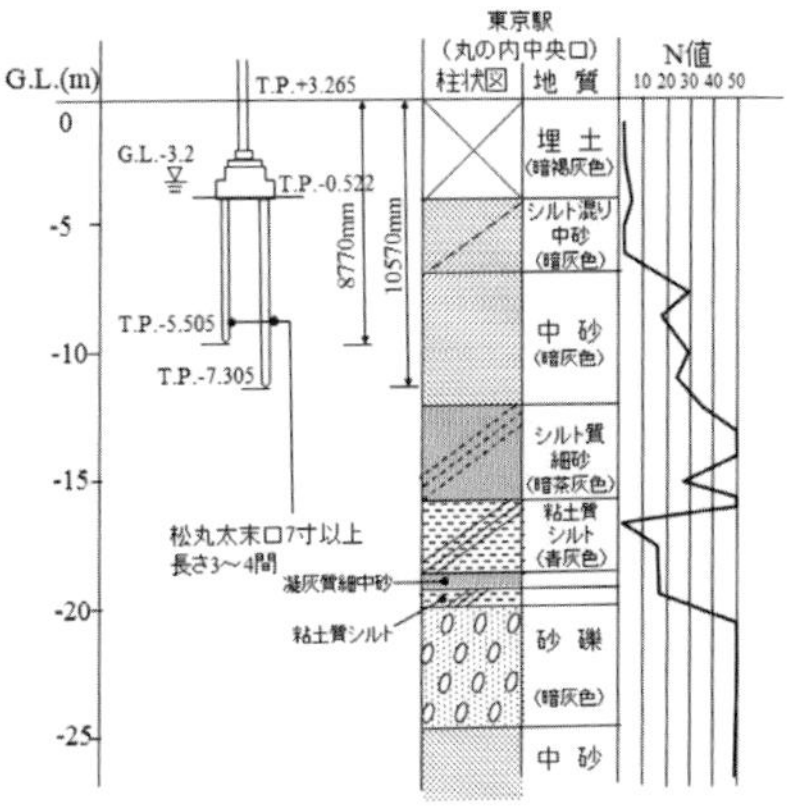

図４　東京駅付近の地盤

1　杭とは

図5-1　旧丸ビルの松杭

一-二　松杭

明治初期から大正・昭和初期まで当時の大規模な建築物の基礎として用いられた松杭※注についてもう少し詳しく説明します。

既に述べたように、旧東京駅舎や旧丸ビルなどの大規模建築物で採用された松杭ですが（図5-2）、長さ数メートルから十数メートルで均質なものが選定され、旧東京駅丸の内駅舎は青森産、旧丸ビルはオレゴンパインと呼ばれるアメリカ産の松が用いられていたことが記録として残されています。いずれも先端を尖らせる加工を施し、重り（ハンマー）で打ち込む工法が採用され、先端の支持力に頼らない、いわゆる「摩擦杭」でした。このため一本一本強度を確認しながら施工するという、今では気の遠くなる作業を、大勢の人々の協力や最新の機械を駆使して短期間で行ったことがわかります。旧東京駅丸の内駅舎や旧丸ビルの解体調査では、これらの松杭は極めて健全な状態であったことが報告されています。松杭は明治以降の日本の近代都市の発展を支え続けたことになります。

最近では、松杭などの「木製の杭」が昨今の環境への配慮から再び見直されつつあります。「環境パイル工法」もその一つで、すぎ、からまつ、ひのき、とどまつ、べいまつなどが用いられています。ここでも先人の知恵が生かされています。

松杭
直径30㎝程度の比較的均質な松の先端を尖らせ、ハンマーで地面に打ち込み建物を支えた。

図5-2　旧丸ビルの杭工事（三菱地所社史より）

一-三　既製ＰＣコンクリート杭

均質な松に代わり用いられるようになったのが、工場で大量に生産されるコンクリート製の杭です（図６）。一九五一年に鋼線コンクリート杭が開発されて以降、既製コンクリートのパイルを松杭同様に打ち込むことで上部構造を支持する方法が土木分野から普及し、その後多くの建築で用いられるようになりました。

日本コンクリート工業[※注]や東海コンクリート工業[※注]などは、その創生期につくられた会社で、その後、さまざまな工法を開発し、杭業界の発展に貢献しています。

また大手企業による既製コンクリート杭の供給が始まると、杭が工業製品として品質管理され、設計基準や施工指針が整備されていくことになります。

日本コンクリート工業株式会社
一九四八(昭和23)年設立。本社所在地は東京都港区芝浦。

東海コンクリート工業株式会社
一九五四(昭和29)年設立。本社所在地は三重県いなべ市。

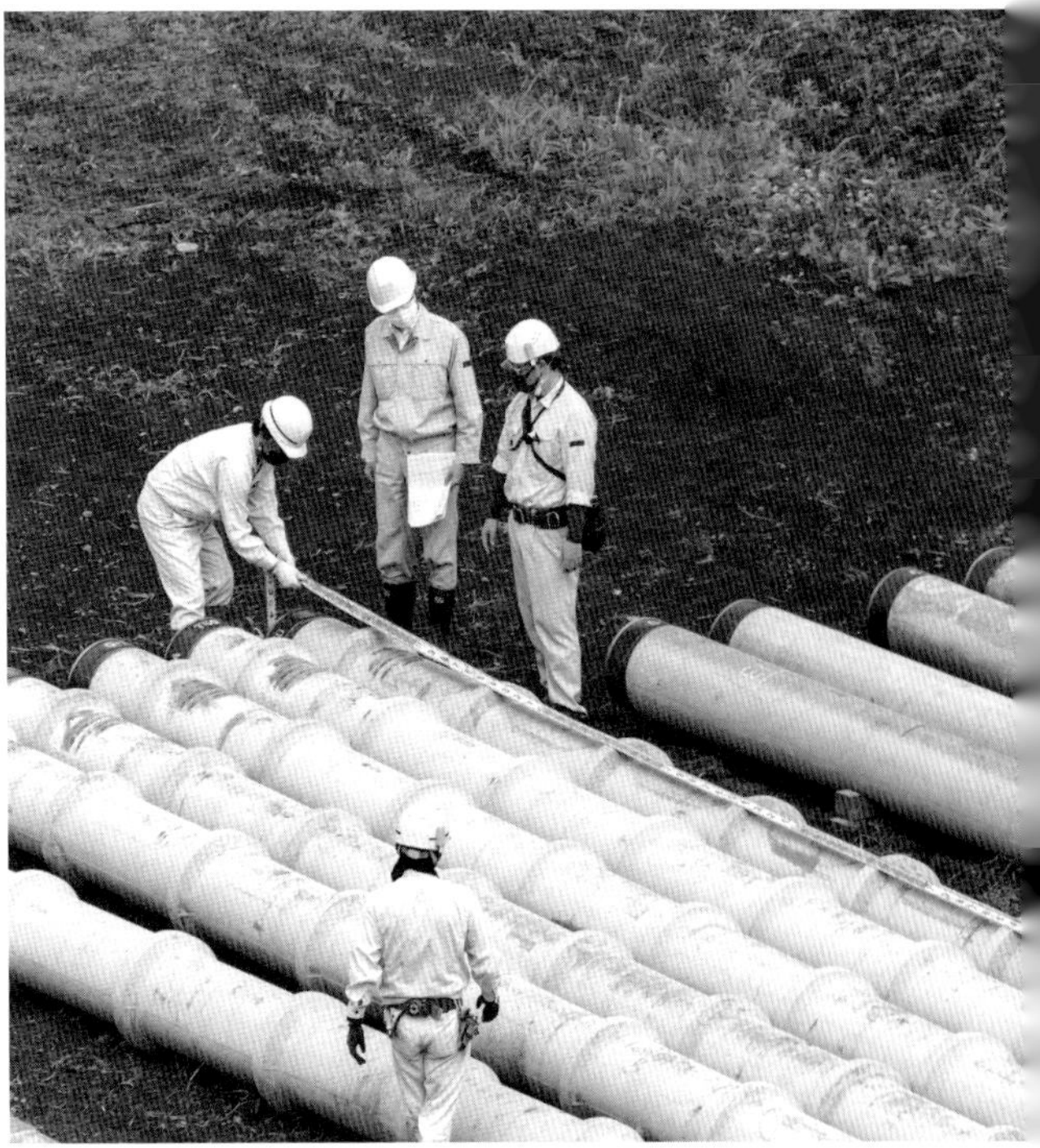

図6　既製PCコンクリート杭(写真提供：PIXTA)

一-四　鋼管杭

明治時代から橋の建設などで用いられてきた鋼製杭ですが、建築分野では一九五〇年代から鋼管杭として（図7）、本格的に用いられるようになり、一九七〇年代には打撃工法による施工は既製PCコンクリート杭と肩を並べるようになります。一方で、打撃工法による振動や騒音が社会問題化する中で、低騒音低振動工法が開発されてきました。

その後も技術開発は進み、新日鉄※注を中心に中掘工法や大きな先端支持力が得られる工法などが開発され、既製コンクリート杭や場所打ちコンクリート杭と並ぶ日本における代表的な杭工法の一つとなっています。特に、六〇メートルを超えるような長さの杭では、施工の信頼性や工期、コストの面で優位性があります。「三-四　深化・進化」では、支持層がさらに深い場合などについて、また今後の杭の設計について触れておきたいと思います。

図7　鋼管杭（写真提供：PIXTA）

一-五　アースドリル工法の出現

既製コンクリート杭や鋼管杭が一般的になってきた段階で、市街地での打込み工法の騒音が公害として問題となってくるようになると、地面に孔を掘り、そこにコンクリートを流し込むという場所打ちコンクリート杭が昭和二〇年代後半から盛んに用いられるようになってきます。

このアースドリル工法（図8）は、安価で特別な技術を必要としないことから、八百屋さんには失礼な話なのですが当時「八百屋でもできる」といわれ、現在でも数多く採用されています。

この工法が普及した要因として、掘削孔の崩壊防止のためのベントナイト溶液※注の開発があり、そして地下水位より深く掘り進んだ場合でも孔壁を安定に保つことができるということがありました。その結果、瞬く間に日本全国に広まっていくこととなります。

新日鉄（新日本製鐵）
一九三四（昭和9）年発足の日本製鐵（日鉄）を前身とし、その後財閥解体・合併を経て一九七〇（昭和45）年新日鉄発足、二〇一九（平成31）年社名を「日本製鉄」に変更。

ベントナイト溶液
アメリカのフォートベントンで産出されたことから名づけられた粘土で、乾燥重量の数倍の吸水性があり、水溶液として高い粘性があり、杭の掘削孔の崩壊を防ぐために用いられる。

近年、建替えなどで建物が解体され引き抜かれた杭が不適切な施工であったことが明らかになったり、過去に受けた地震痕が影響で杭にひび割れた痕が見られたりすることがあります。昭和三〇年代の高度経済成長期の建物に見られる傾向ではありますが、建替えで地下構造や杭を再利用する際には詳細な調査が必要になることは言うまでもありません。

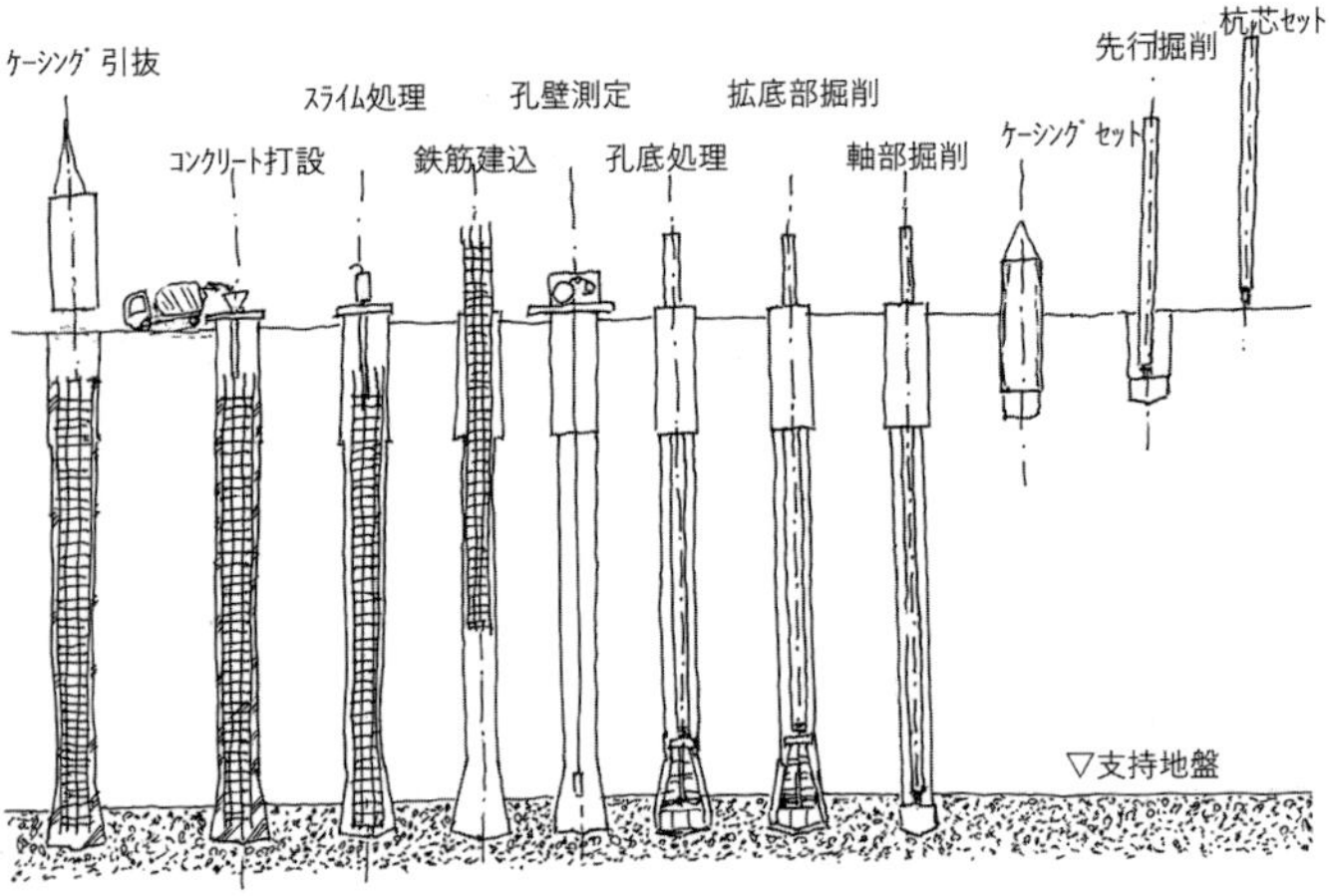

図8　アースドリル工法

一–六　場所打ちコンクリート杭は拡底工法へ

昭和から平成になると、急増する物流への対応で、湾岸地域での倉庫群の建設が本格化します。それまで建設が難しいといわれていた埋立地域での巨大倉庫群の建設です。そこで登場したのが、深さ四五メートルを超える長尺の場所打ちコンクリート杭です。しかも先端支持力を大幅にアップするために支持層で杭径を大きくするという「拡底リバース工法」が開発されました。この拡底リバース工法がそれまで摩擦に頼っていた杭から先端支持力に多くを頼る杭へと流れをつくっていくことになります。

その後、アースドリル工法でも最終の掘削時に支持層で底面積を広げる「拡底アースドリル工法」が当時の建設省の認定工法として普及していくことになります。比較的安価で大きな支持力を得られるこの「拡底アースドリル工法」は、「拡底リバース工法」に代わり、場所打ちコンクリート杭の主流となり今日に至っています。しかし、先端支持力に厳密な施工管理の下で行われていた「拡底リバース工法」に比べると、明らかに品質管理上後退した杭先端の管理方法が広まっているため、十分な注意が必要な杭工法となっています。「第四章　杭の不適切な施工」で詳しく述べますが、建物の建替えになるような不具合の多くはこの杭先端の施工管理によるところが多くなっています。

◎「場所打ちコンクリート杭」とは?

現場で孔を掘りその中に鉄筋とコンクリートを流し込む工法の歴史はかなり古く、最も有名な建物は国会議事堂のペデスタル杭です。地下水位の高い地域での掘削を可能としたのがアースドリル工法です。機械掘り深礎工法なども場所打ちコンクリート杭として分類されます。

巨大化する拡底杭

二　杭を支える地盤

文明を支える杭。すべてはここから始まる

ヨーロッパのように安定した地盤もあれば、激しい地殻変動によって形成された日本列島のような地形もある。日本の美しい山並みや瀬戸内海などの島々はその激しい地殻変動の中で形成され、現在も進行中であることを忘れてはならない。

古くから人間が生活する土地は、川と大きな関わりがあります。古代エジプトのピラミッドは、ナイル川沿いの強固な地盤の上に建設され、日本でも奈良の法隆寺や東大寺の大仏殿は強固な地盤の上に建設されています。文献によると、建物の基礎となる地盤を十分に締め固め、その上に礎石を配置し、柱はその上に載せるだけで固定しないという方式がとられています。現在の伝統木造建築でも見られる「石場建て」といわれる方式です（図9）。

ヨーロッパ[※注]の大規模な石づくりの大聖堂などは、数千万年以上前に堆積した地層の上に建設されています。このように大規模な建造物の建設に当たっては強固な地盤の入念な選定が前提となっていたことは言うまでもありません。

日本において様相が変化し始めたのは江戸城の建設あたりでしょうか。軟弱な関東平野の河口付近に大規模な

図9　奈良東大寺大仏殿の柱脚

ヨーロッパの大聖堂
パリのノートルダム大聖堂はシテ島の強固な岩盤上に建設されている。

石垣を建設しましたが、当時の想像を絶する難工事の痕跡として、今でも石垣の石が建設工事の地中障害として地中深くから大量に掘り出されることがあります。一方で、明治時代までのほとんどの建築は、木造の二階建て程度の建築であったことから、杭を打つことはほとんどありませんでした。

しかし明治以降、鉄道の建設が全国に及ぶと、地盤の重要性がクローズアップされるようになり、東京駅丸の内駅舎という大規模な建築物が計画されるに至って、軟弱地盤※注への対策が急務となりました。東京駅丸の内駅舎では、最近の詳細な調査の結果、独立した基礎の下に松杭が用いられ、それぞれの杭は一回の打ち込みによる杭の沈下量で厳密に施工管理されていたことがわかっています。この一回の打ち込みで杭が沈下する量で品質管理をする方法は、最も確実な施工管理方法として、その後、昭和の時代まで受け継がれていくことになります。東京駅周辺の地盤状況は、もともとは葦《あし》が生い茂る野原で、大きな建物の建設には向かないとされていた土地でした。しかし、幸いしたのが、関東平野、特に東京湾の河口付近は、地層が比較的平坦であったということです。これは、同じような長さの多くの杭で建物を支

図10　海岸で見られる地層
（写真提供：PIXTA）

えることが可能な地盤であったということです。日本列島の成り立ちから考えると、海に堆積してできた地層が地殻活動で隆起を繰り返してできているため、一般的には地層は傾斜し、時には湾曲していますので（図10）、東京湾の河口付近のような平坦な地層はむしろ稀であることを念頭に置く必要があります。本章では杭基礎を支える地盤について、日本各地の特色ある地質（特殊地盤と呼ばれることもあります）を紹介します。

先人の知恵

縄文・弥生時代に遡り、青森県の三内丸山遺跡や佐賀県の吉野ヶ里遺跡の巨大建造物の基礎はどのようにしてつ

軟弱地盤
埋立地などで見られる地盤で標準貫入試験でモンケンと呼ばれる重りが自重で沈下するような地盤。埋立地では、土を何年も数m積み上げ（プレロードという）沈下させた後に建物や道路を建設することがある。

図12-1　三内丸山遺跡
柱を埋め込んだ基礎の跡

くられたのかを考えると、先人の知恵の深さに驚きます。当時の人々は、長年の経験で川の流れや海からの距離、山の地形などから安定した地盤（図12-1）を見分けたのではないかと推測することができます。その後発展する、奈良や京都のような盆地が安定した地盤であることは古くから知られていたものと思われます。斑鳩《いかるが》の里など「里」と地名につく場所は古くから大規模な木造建築物が建立されていることがわかります（図12-2、12-3）。しかも、法隆寺など大規模な木造建築物が、今日に至るまで数十回に及ぶ大地震を経験しながら、いまだにその姿を保っていることを思うと、先人の知恵に唯々驚くばかりです。

近年では明治維新以降、橋の建設に携わった多くの外国人技術者や旧国鉄の技術者が全国に鉄道網を張り巡らす際に行った地盤調査が、その後の地盤データの蓄積に大きく寄与していたことが知られています。

図12-2　三内丸山遺跡

図12-3　吉野ヶ里遺跡

二－一　日本列島の成り立ち

今では定説となっている大陸移動説ですが、約一九億年前は地球上には大きな大陸（超大陸）が存在していました。やがて地下のマントルの動きで超大陸は次第に分かれていき、約二億年前にはパンゲアと呼ばれる大陸が分かれ、現在の陸地を形づくっていることになります。その中で日本列島はユーラシア大陸の東の端に位置し、四つのプレートがぶつかり合う複雑な動きの中で、三千万年前に引きちぎられるようにして形成されていきます（図13）。その年代は第三紀と呼ばれていますが、その後の洪積世には日本海が形成され、今から一万年前には、ほぼ現在の日本列島となっています。まさに奇跡の国、日本と言えるでしょう。

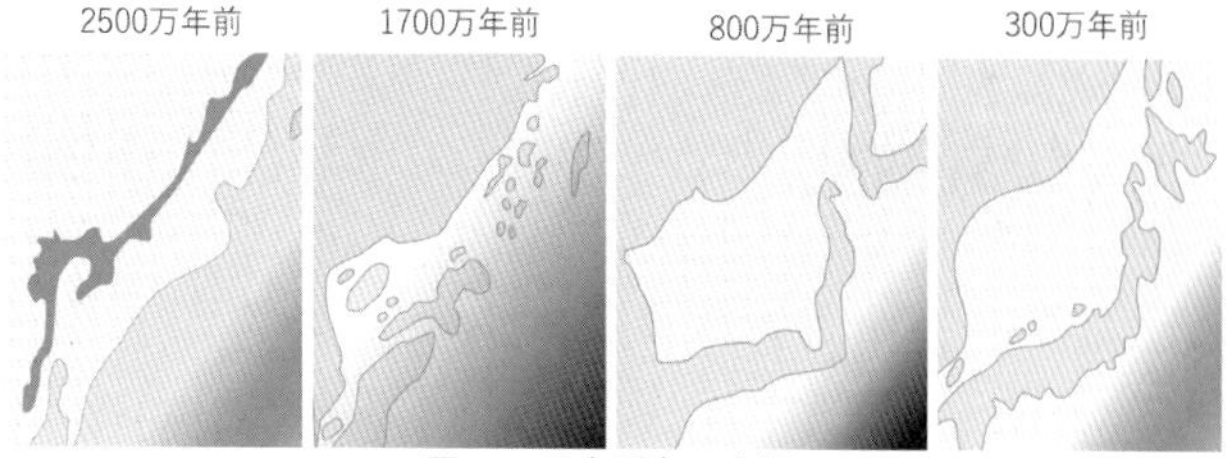

図13　日本列島の変遷

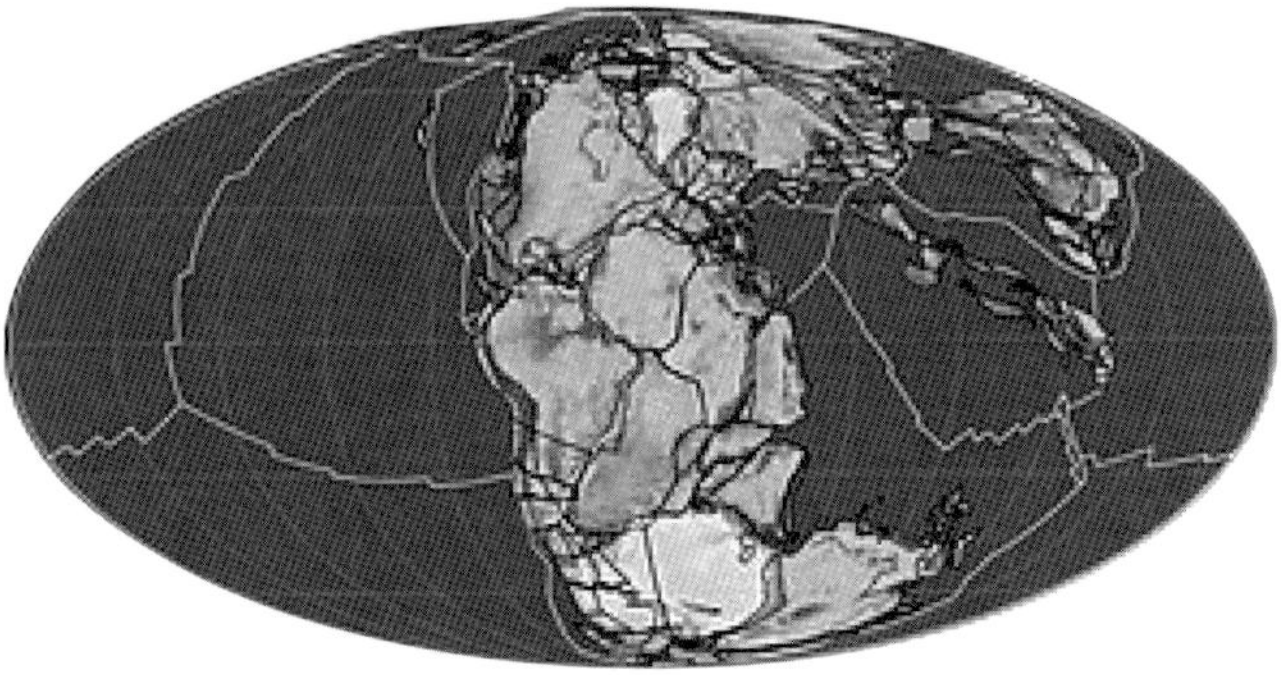

◎「大陸移動説」とは？

ウェゲナーが大陸移動説を最初に提案したのは一九一二年のことで、それが一般的な評価を得るようになったのは五〇年後のことです。

図14　ウェゲナーがパンゲアと呼んだ超大陸の再構成図

二‐二　地盤の分類

日本列島の成り立ちを考えると、地球規模の地殻変動の中でさまざまな年代の地層のあることがわかります。建築の基礎となる地盤は、埋立層、沖積層、洪積層、第三紀層の四種類に大きく分けることができます。

東京湾岸地域では「埋立層」は江戸時代初期から人口の増加に伴い日比谷入江、隅田川河口などが代表的で、門前仲町、越中島もその頃にできた地盤です。二〇一一年三月一一日の東日本大震災ではこの地域での液状化は発生していませんが、千葉県浦安地域などの比較的最近の埋立て地では大規模な地盤の液状化が発生しています。幸いにも津波による被害はなかったものの、東京湾岸地域の埋立地では災害に対する備えが必要です。

次に「沖積層」ですが、一般的には今からおよそ一万年前に河口付近に堆積した軟弱地盤層です。

地球温暖化の影響による「縄文海進」によって内陸まで海がひろがった時代に堆積したことで知られています。

「洪積層」は、今から約一〇〇万年前に堆積した地層で、沖積層と比べると安定した地層です。関東ローム層がその代表ですが、多摩地域では、安定した関東ローム層が地表に付近に存在するため、電算センターなどの重要施設もこの地層に直接支持させることが多くなっています。この関東ローム層は広く関東平野に分布し、千葉地方では、さらにきめ細かい粒子となり、工場などの建設では杭の支持地盤となる場合もあります（図15）。富士山などの火山の噴火による火山灰が偏西風で東側に堆積していった関東平野ならではの話です。

「第三紀層」は、東京駅付近では地下四五メートル付近から現れる通称「土丹《どたん》」と呼ばれる地層が代表的です。今から数百万年以上前に形成された非常に硬い粘土もしくは泥岩で構成され、超高層建築物を足下から支えている代表的な地層です。

図15　千葉方面で見られる関東ローム層

二-三　東京礫層

「東京礫層」は、私が実際の設計で最初に遭遇した地層でもあり、関東地域では代表的なものです。中高層建築物の大部分がこの地層に支持されています。一方、旧丸ビルや旧東京駅丸の内駅舎はこの層の上部の地層で松杭の摩擦によって支持されています。一つ覚えの「東京礫層」に支持させることは設計者としての一つの判断ではありますが、その上部の地層についても検討する選択肢もあることを念頭に置くべきです。

後に詳しく述べますが、東京都の構造設計指針が全国の建築主事の間でも広く用いられるようになるとともに、東京地区での杭の代表的な支持地盤である堅固な東京礫層に支持させるという設計が広まり、地盤の掘削技術の発達とともにそれまでの摩擦力で支持するという考え方が大きく変わっていくことになります。月刊誌「基礎工」の一九八三年三月号の特集総説「既製鉄筋コンクリート杭の設計・施工上の問題」（阪口理著・総合土木研

図16　東京礫層付近のサンプリング

標準貫入試験において地表から約45メートルの深さの地層を採取したもので、砂礫に一部粘土が混入している様子がわかる。

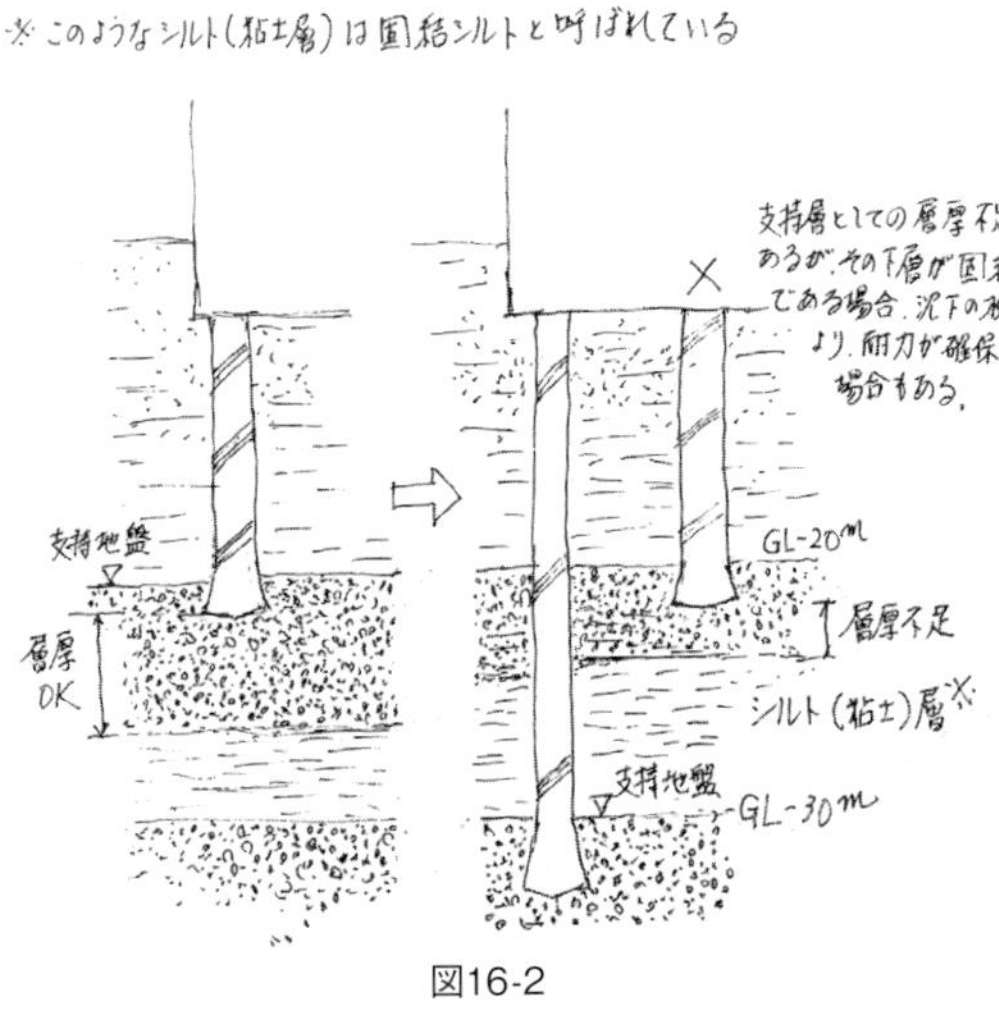
※このようなシルト（粘土層）は固結シルトと呼ばれている
支持層としての層厚不足ではあるが、その下層が固結シルトである場合、沈下の検討により、耐力が確保できる場合もある。
×
支持地盤
層厚OK
GL-20m
層厚不足
シルト（粘土）層※
支持地盤
GL-30m

図16-2

究所刊）や、『地盤と建築構造のはなし』（吉見吉昭著・二〇〇六年五月・技法堂出版）では先端支持力に頼った杭の設計を過剰な設計として警鐘を鳴らしています。

具体的な例をあげてみましょう。比較的近接した八階建の集合住宅があります。最初に設計されたものは、深さ二〇メートルほどの杭が採用されています。次に設計されたものは、深さ三〇メートル以上とする杭の計画をし、最初に建てられたものが支持層とする二〇メートル付近の地層を無理矢理貫通させる設計をしている例があります。設計者の判断の違いと言えばそれまでなのですが、これは地下二〇メートル付近の支持層と想定する地層の厚さが、基準で定められている値以下の厚さしかなく、建築確認で認められないことによる設計のためです。しかし、事業計画の早い段階で周辺摩擦力や二〇メートルから三〇メートルまでの地層調査を入念に行い、N値※注だけでなく、周辺地盤の状況や建物調査結果などについても幅広く情報を集め、総合的に判断することができていれば、結果は異

N値
標準貫入試験において重りを落とし、30㎝打ち込むのに要する打撃回数のこと。一般には値が大きいほど硬い地盤である。

なったかも知れません。深く掘りすぎることで、地下水の汚染や周辺建物の沈下、傾斜などを誘発する原因となる危険性について十分に考慮する必要があります。特に砂礫層を貫通させる場合は、地下水に影響を与えることもあり、周辺地盤を含めて事前の十分な調査が必要になります（図16-1、16-2）。

二-四　関東ローム層

東京礫層と併せて、設計者としてその層の成り立ちや建築支持地盤としての性状を知っておく必要があります。関東ローム層は広大な関東平野に分布する火山灰層のことであり、今から一万年以上前に堆積した地層です（図17）。それぞれ古い順に「多摩ローム層」、「下末吉ローム層」、「武蔵野ローム層」、「立川ローム層」と呼ばれていますが、多くは黒い粒状のスコリアなどの鉱物を含む弱酸性の土地であり、作物の栽培、特に稲作

図17　整地された支持地盤の関東ローム層

には適さないとされています。建築の支持地盤とする場合は、礫層と同様にN値だけで判断するのではなく、採取された試料の試験などから総合的に判断することが望まれます。

多摩ローム層では鋼製の矢板が入らないほどの強固な地盤が現れることがある一方で、一度崩すと乾燥して脆《もろ》くなることがあり、まさに変幻自在です。また、川の流域では礫※注との不規則な互層になっている場合もあり、川に近い敷地での地盤調査は慎重に行うべきで、ここは設計者の腕の見せ所でもあります。

礫との不規則な互層
長年の間に何度か繰り返される河川の氾濫によって、上流からの土砂などが大量に運ばれ、周辺に堆積しているため。

【コーヒーブレイク】

奮闘記

私自身は25歳から約15年間、建築設計のチームの一員として建築の構造設計に携わりました。専門が鉄骨構造、特に、超高層建築の設計を希望しての入社でした。しかし、入社してしばらくは鉄筋コンクリートの建物ばかりで、ようやく鉄骨造の建物の設計を任されるようになったと思うと、低層の倉庫や工場が多く、しかも海辺の立地ということもあり、多くの時間を基礎の設計で頭を悩ませることに費やしました。当時は大学の建築学科で基礎の講義が必修だったこともあり、杭についてもひと通りは習っ

試験杭の立会い

た記憶がありましたが、実務とは次元が異なりました。掘削機の名前すら満足に言えない状況で、東京都の構造設計指針を頼りに杭の計算と図面を仕上げ、当時、現在の東京フォーラムの敷地にあった東京都庁の建築指導課に通い、何とか確認申請を取得した記憶があります。

何もわからないまま工事が着工し、試験杭に立ち会うことになり、上司に連れられて、その一挙手一投足を見ながら、「仕事というものはこういうものか」と思い、それからは、泥だらけになりながら、現場を這いずり回る日々が続きました。場所打ちコンクリート杭などで用いられるベントナイト溶液は、衣類に付着するとなかなか汚れが落ちなくて、自宅では「何が付いたの」と家人に随分と面倒をかけました。その甲斐あってか、ほぼ日本全国津々浦々で設計に携わり、日本列島の地盤の成り立ちや現在の地盤の状況について見識を広めることができたと思います。20歳代でこのような経験をさせていただいたおかげで現在の私があると言っても過言ではありません。

本書では、当時のスケッチなども紹介しています。残業200時間が当たり前の中での度重なる出張という、今思うと相当な激務ではあったものの、周りの皆さんに温かく見守られていたことをあらためて感謝するこの頃です。

二-五　大阪中之島の地層

水の都大阪は、設計者にとっては実に「難儀な」地盤です。中之島には大きな建築物がありますが、いずれの建物も地下工事が最大の難関となっています。大手建設会社の連続壁の工法などはその難工事の結果生み出された工法と言えるかも知れません。中之島ではまさに川の真ん中を掘るようなもので、掘削時に大量の水が出ることから、お風呂に洗面器を押し込んだ状態になるといわれています（図18-1）。

掘削時のみならず、完成後も大きな浮力を受けることになるため、本設の設計のみならず、仮設の設計から神経を使うことになります。また、関東のような明確な支持地盤※注が現れず、礫層と粘土層が交互に現れるため、超高層建築物などの大規模な建物では地下水をさえぎる役割をする不透水層となる粘土層を底盤とするか、その層を地盤改良するなどして、水の浸入を防ぎながら地下工事を進めることとなります（図18-2）。

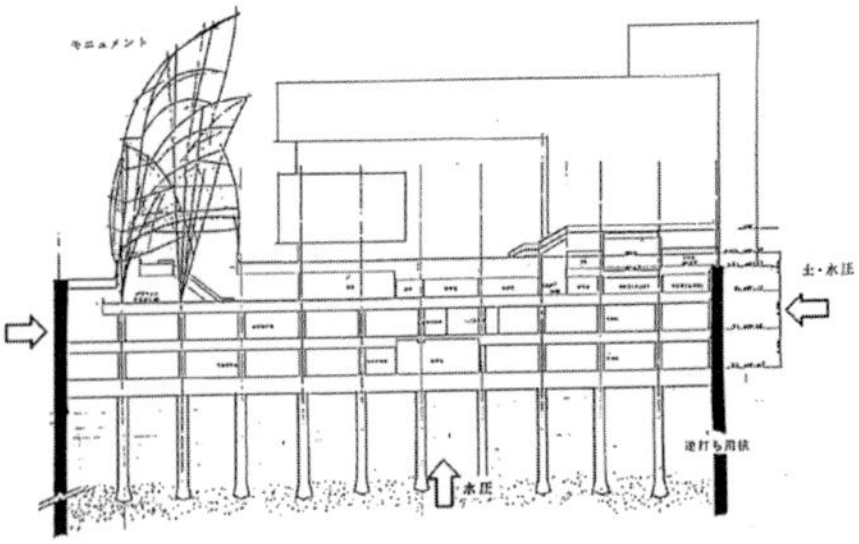

図18-1　大阪中之島の建築物断面図

さらに支持地盤の途中に砂礫層がある場合に信じられない光景を目にすることもあります。それまで杭の掘削中に杭孔内に満たされていた、孔壁の崩壊を防ぐためのベントナイト溶液が急激に減少していく様子です。これは時に東京の渋谷周辺の地下工事で見られる光景ではありますが、初めて目《ま》の当たりにしたときは、「オーマイガー!!」と叫びたくなります。

その後は[※注]オールケーシング工法などに掘削の工法を変更し、ベントナイト溶液が流れ出た「[※注]逸水」する地層を掘り進むことになりますが、機材の手配や現場の重機配置の変更などで大幅に工期が遅延します。狭小敷地では変更が難しくなる場合もあり、設計当初から綿密な計画が求められます。

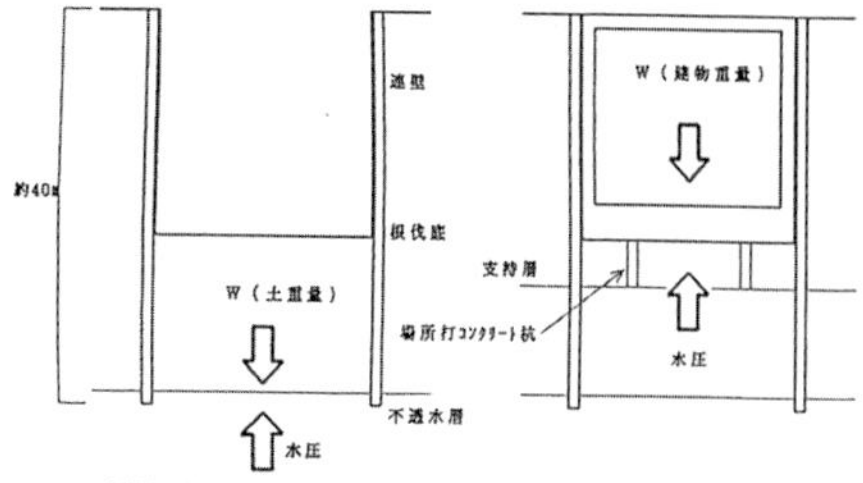

図18-2　水圧の考え方

「支持地盤が現れない」
地盤調査時に建物を支持する地盤を想定するが、地盤調査地点から少し離れた場所では地盤が急激に変化していることがある。

オールケーシング工法
先端が尖った鋼製の杭を地面に埋め込みながら掘り進む工法で、掘削中の孔の崩壊や地中障害が現れた場合にも対応できるが、十分な広さの敷地が必要になる。一般的なアースドリル工法に比べコストアップとなる。

逸水
掘削中に偶然に地下水脈に当たることがあるが、この場合、掘削中に用いていたベントナイト溶液が流れ出てしまい（逸水）掘削中の孔が崩壊することがある。

二‐六　鹿児島のシラス台地

関東ローム層のようになる前の段階の火山灰の堆積した鹿児島市周辺での杭の施工は神経を使うことになります。シラス台地（図19）での場所打ちコンクリート杭は、孔壁[※注]の崩壊が起こりやすく、オールケーシング工法（図20）が安全なのですが、コストダウンのために、通常の場所打ちコンクリート杭として設計されている場合があります。代表的な事故例としては、一見きれいに掘削できた孔が、翌日には完全に崩壊してしまっていたという事例があります。

一方、垂直に切り出した場合は、その形を維持するため、掘削工事の際の山留め計画などで、コストを下げる可能性のある地盤ではありません。

また、最近では、その特性を生かしたシラス[※注]コンクリートとして建築物への採用が試みられています。今も沖縄の海岸などに大量に漂着していますが、地球上で無尽蔵に近い火山灰が有効に利用される技術は、今後大いに期待されるところです。

孔壁
杭工事では掘削した部分を「孔」と呼び、その掘削面のことを「孔壁」と呼ぶ。孔壁測定、孔壁崩壊など。

シラスコンクリート
鹿児島周辺の火砕流の堆積物であるシラスをコンクリートの材料として使ったもの。

図19　シラス台地（写真提供：PIXTA）

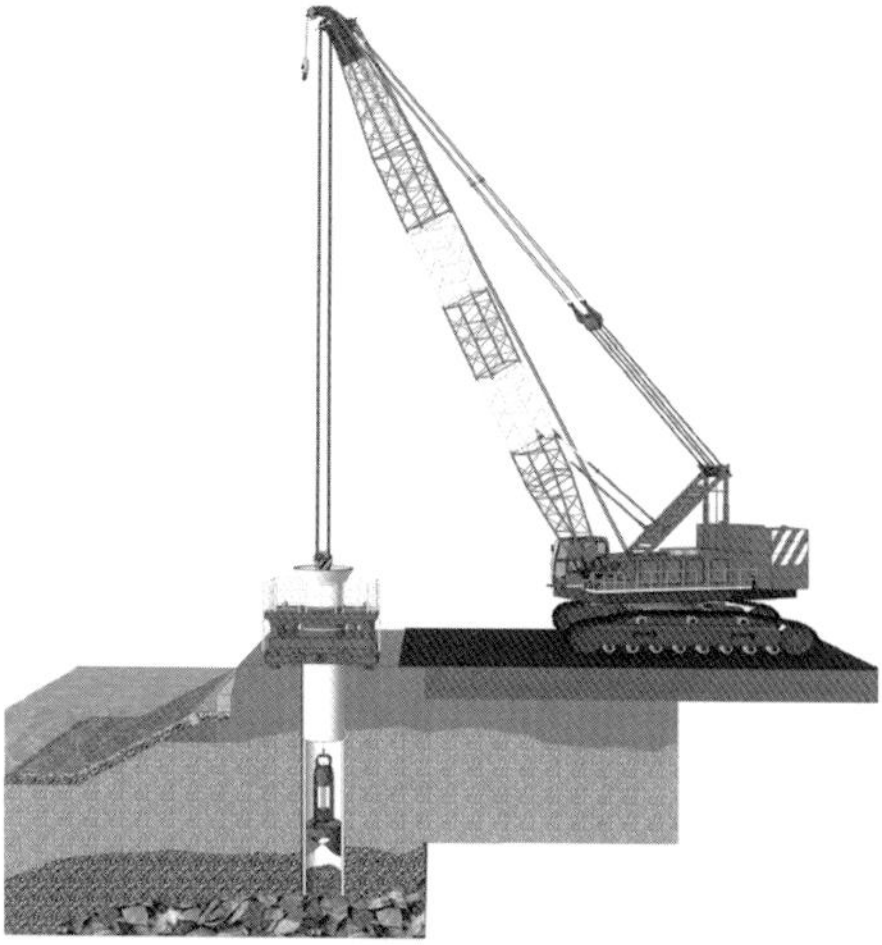

図20　オールケーシング工法（写真提供：PIXTA）

二―七　北海道のピート層

北海道では、時々どうしようもない地盤に出くわすことがあります。その一つが「ピート層」と呼ばれる泥炭で形成された地層です（図21）。植物の遺骸が十分に分解されずに堆積して、濃縮されただけの状態で形成される地層で、湿地帯となっていることが多く、建築物の支持地盤としては適しません。この層が地中で現れることがあり、セメントミルクなどでの地盤改良も難しく、建物を建てると沈下するという、手[※注]の打ちようのない地盤です。この層に当たると設計者も施工者もお手上げになることがしばしばです。

敷地の購入後の地盤調査や地盤沈下が発生して初めて判明することも多く、事前の情報収集を綿密に行い建物などの配置を計画する必要があります。大手デベロッパーの大規模開発でもアクシデントの起こることはあるのです。

「手の打ちようのない地盤」

もう一つ手の打ちようのない地盤として岩盤がある。山間のゴルフ場のクラブハウスの設計のときに、地盤調査で巨大な岩盤に出くわしたことがある。どれくらい大きいかを予測することも困難で、亀裂が入っている場合もある。「そっと建物を置くしかない」という地盤。

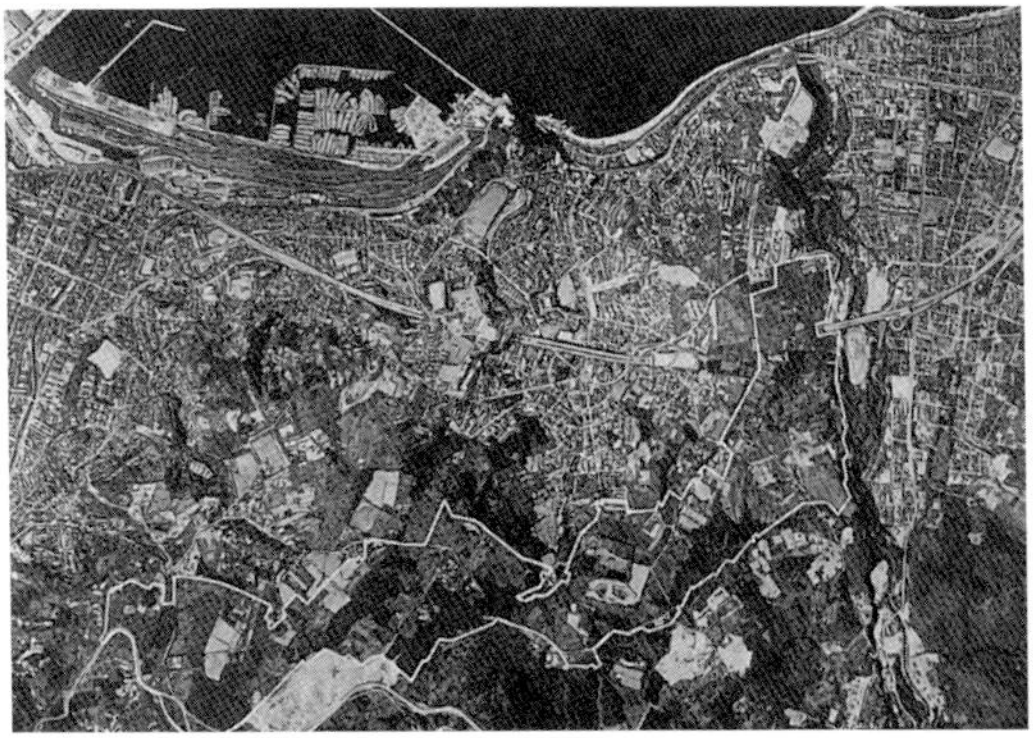

図21　ピート層の広がる小樽周辺 ©Google Earth

三　杭設計の基本

設計の基本中の基本

杭はマッチ棒や爪楊枝のようなものである。先を尖らせて打ち込むか孔を掘っていくか、どちらにしても深く掘る場合は力と精度が求められる。地盤に適した設計や工法の選定が基本である。

次に本章では、杭がどのように設計されているかを具体的に見ていきたいと思います。杭設計の第一歩は、敷地及びその周辺の地盤データの収集から始まります。公的なデータベースも整備されていますが、やはり地盤調査会社からの事前の情報の信頼性が高く、周辺の建物の情報などを含め、総合的に判断して地盤調査を依頼します。一般的に地盤調査は設計条件の一つとして建築主が発注することになります。設計者はその地盤調査結果や周辺での杭施工記録などの情報を収集し、杭の設計を行うことになります。

このように杭の設計では事前の情報収集が重要であり、一様とは言えない支持地盤を想定することになります。その意味で上部構造の鉄筋の本数などとは考え方が全く異なり、設計図で示されている杭の支持層は標準貫入試験で得られたサンプルからの推定による想定図であり、実際には現場で最終決定されるものと考えるのが妥当です。

◎「標準貫入試験」とは?

標準貫入試験は、質量六三・五キログラムのハンマーを七六センチメートルの高さから自由落下させて、地盤の硬軟，締まり具合の判定，及び土層構成を把握するための試料の採取を目的として実施される試験です。三〇〇ミリメートル打ち込むのに必要な打撃回数をN値といいます。

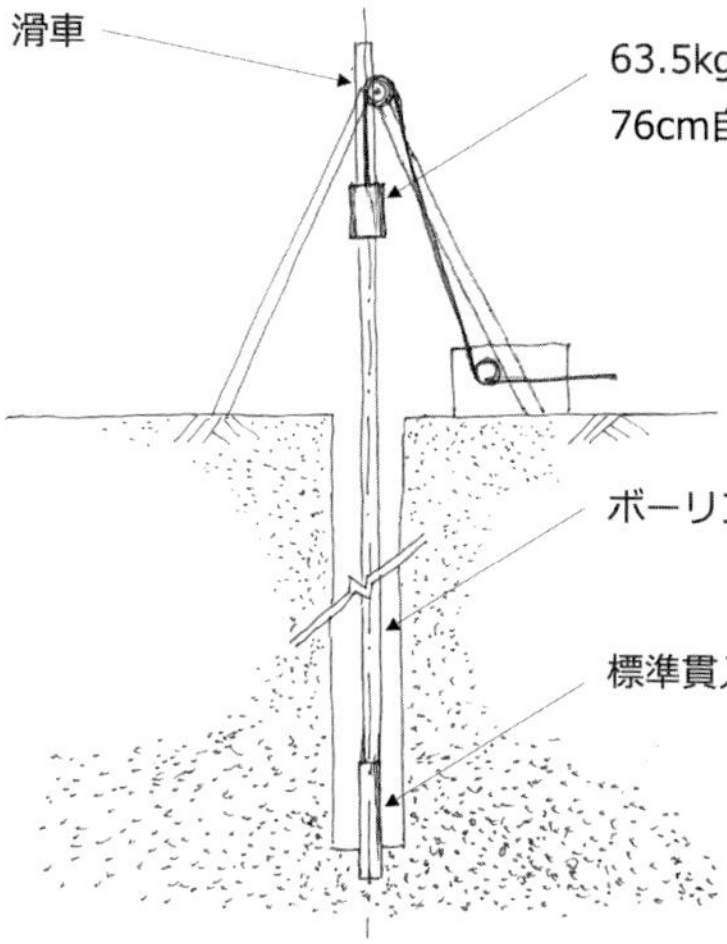

標準貫入試験（N値の測定）

三-一　杭と柱

「杭」と「柱」は、地上にあるか地中にあるかの違いはありますが、柱は地面に、杭は地下の硬い地盤に「固定する」という意味では同じようなものと言えます。「柱」は地上で風雨の影響を受けますが、「杭」は、地下で比較的安定した条件の中にあると言えます（図22）。

杭は、地面に打ち込んだり孔を掘ったりすることから、一般的には円形となります。また、杭に対して地盤がバネのように働くことが、柱とは大きく異なる点です。言い換えれば杭は常に地盤から圧力を受けているということになります。柱も杭も、形は単純ですが、一本の棒を設計するという意味でその違いを知ることは設計の基本中の基本です。

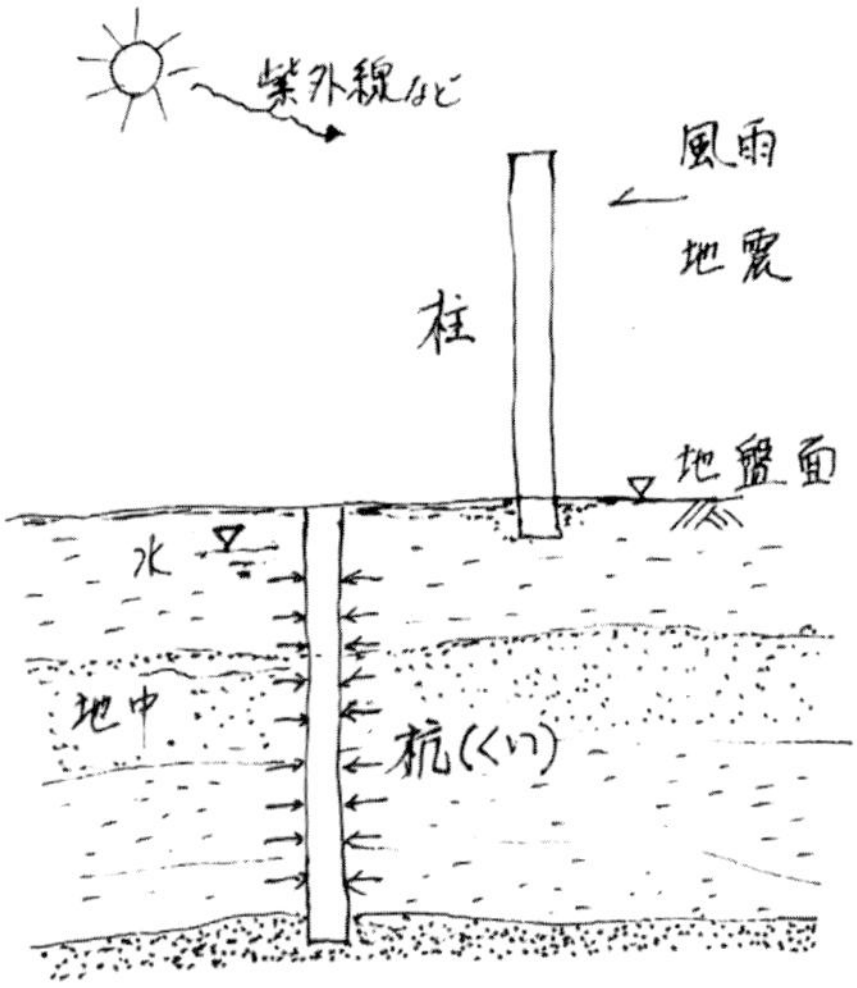

図22　杭と柱

三-二　マッチ棒の杭

柱と杭を比較するとき、最も異なる点がプロポーションです。杭は直径※注に対して二〇倍以上ということも多く、身近なものにたとえるとマッチ棒のようなプロポーションをしていると言ってよいでしょう。

杭は地中に構築され、その姿を目で確認することができません。また、設計図では杭配置や杭断面（配筋）を表記しますが、縮尺の関係で杭全体の姿を描くことはほとんどなく、設計者がマッチ棒のようなプロポーションを意識する機会はないかも知れません。

しかし、そのようなプロポーションの杭が、数百トン、場合によっては千トンにも及ぶ荷重を受けていることを意識するためにも、支持地盤まで含めたスケッチや図面を描くことは設計者として必要なことではないかと考えます（図23）。

直径に対して二〇倍以上
直径1mの杭の長さが20m以上ある。

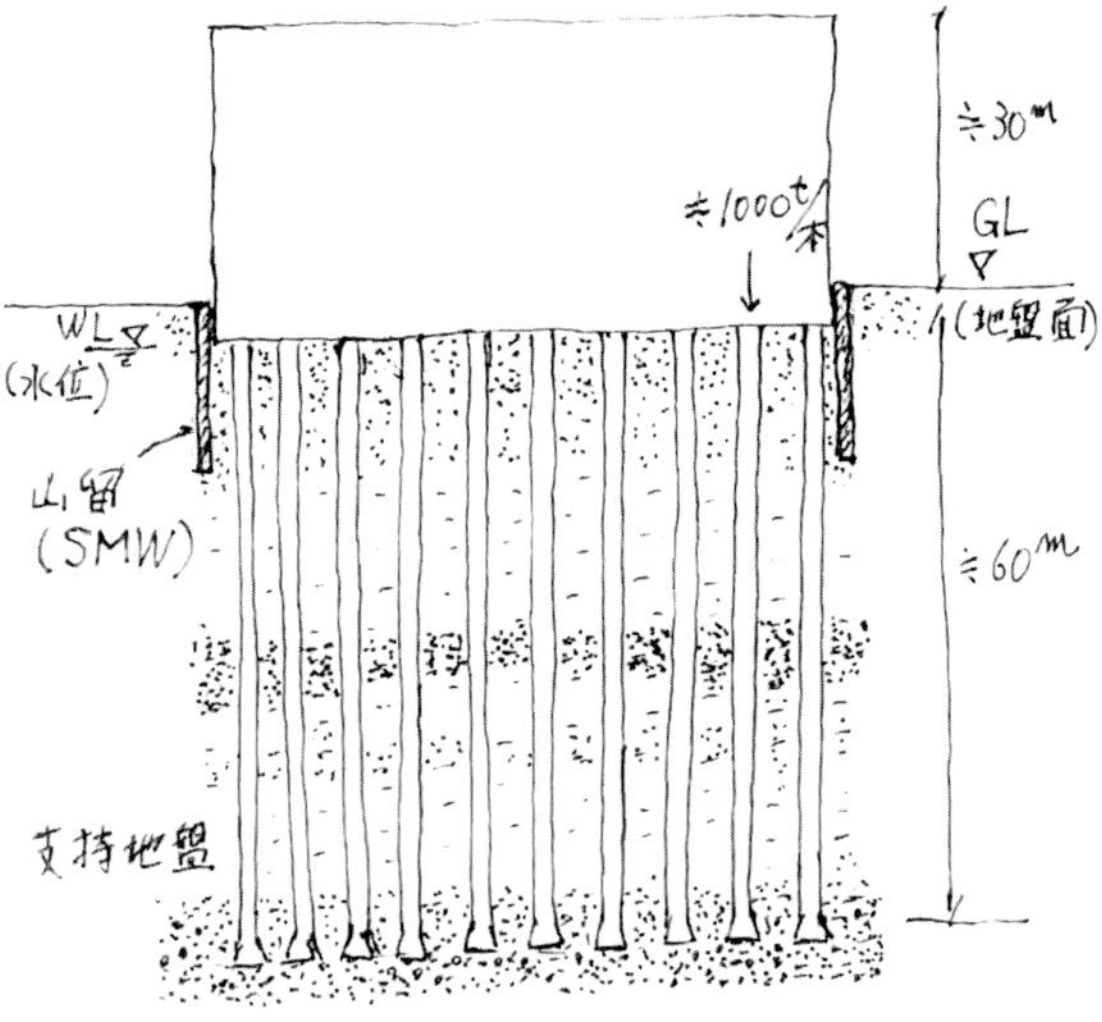

図23　マッチ棒の杭

三-三　摩擦杭と支持杭

旧東京駅舎や旧丸ビルが長さ十数メートルの松杭で八〇年以上支えられていたことは「一-二　松杭」で述べた通りですが、摩擦杭である松杭は、強固な地盤に支持されていないことから建物周辺で地盤沈下が生じた場合、建物も地盤とともに下がることになります。このこと自体は、周辺の道路や歩道なども同様に沈下するため、建物と取り合う階段や、地下通路などの段差に生じる影響が少なくなりますが、地震によって摩擦杭の周辺の地盤で液状化が生じると、支持力を失うことになり、そのような地層では摩擦杭は採用できません。

一方、支持杭では、堅固な地盤に到達するだけでなく、その支持層となる地盤を掘り進み、「根入れ」※注をする必要があります。それぞれの杭の特徴を十分に理解した上での採用となりますが、現在の建築構造物では、支持杭が多くなり、摩擦杭は仮設構造物などに採用されることが多くなっています。

根入れ
杭の先端が支持地盤に入っていること。

市街地での摩擦を考慮した杭の施工状況

三-四　深化・進化

大規模な建築物が海岸沿いに計画されるようになると、地盤よりも立地の善し悪しが重要視され、さまざまな地盤への対応が求められるようになってきています。

そのような中で業界でも特に注目されているのが、沖縄の辺野古の地盤です（図24）。もともと沖縄周辺は、珊瑚礁の堆積地盤で明確な支持層が現れないことが多く、事前の地盤調査との整合性が「施工者泣かせ」といわれています。辺野古に限らず、杭の施工では、事前に実施する試験施工で明確な地盤が現れず、設計変更を余儀なくされる場合が数多くあります。

沖縄の珊瑚礁のような地盤で建設計画を進める場合は、埋め立てや地盤改良などの土木技術と建築物の整合性が重要となります。というのも、建物を建てる場合はあくまで建築基準法の下で基礎を設計することを求められるからです。土木工学的に「支持地盤として適切」

と判断されても、「建築基準法における支持地盤であるかどうか」が問われることになります。また、このあと「四-五　地震による影響」などで述べますが、硬い地盤が傾斜している場合、地盤の沈下、護岸の沈下のみならず、建築物の地震に対する対策も慎重に検討する必要のある地盤であると言えます。

近年、地下の掘削技術は土木を中心に大きく発展し、コストを度外視すれば、六〇メートル以上の杭の施工も可能となり、これまで建設が不可能とされていた地域でも大規模な建築物が建設可能となってきています。これは、限られた国土を有効に活用することができる技術が発展してきたとも言えます。特に、これからは、海洋土木技術の発展が新たな日本の発展の礎となることは間違いないと考えられます。

東京新聞　2019年（平成31年）2月2日（土曜日）　©中日新聞東京本社2019　（日刊）

東京新聞

中日新聞東京本社

辺野古埋め立て
軟弱地盤に杭6万本
工事費の高騰必至
防衛省検討

沖縄県名護市辺野古の米軍新基地建設を巡り、防衛省沖縄防衛局が、軟弱地盤の広がる埋め立て海域に約六万本の杭を水深七十㍍まで打って地盤を強化する工法を検討していることが分かった。当初の計画では軟弱地盤を想定しておらず、大規模な追加工事となることは必至だ。専門家は「過去に例がないほどの深さの地盤改良で難しい工事。膨大な費用と時間がかかるだろう」と指摘する。　（中沢誠）

＝沖縄全県で県民投票❸社説❺面

税を追う

軟弱地盤の存在が指摘されているのは、埋め立て海域の東側。地盤改良の工法は、防衛局の委託業者が、地盤調査の結果をもとに分析し、一月に報告書にまとめていた。

報告書では、土砂を埋め立てる百五十三㌶のうち、三分の一に当たる五十六㌶が、地盤改良の必要な面積と見積もる。

改良工事は三つの工法を採用。「ケーソン」と呼ばれる巨大なコンクリートの箱で埋め立て区域を仕切る護岸部分は、地中にパイプを打ち込み、砂などを流し込んで杭状に締め固め、地盤を強化する。埋め立て部分は、砂を流し込んだ後、パイプを引き抜き、砂を通じて地中の水分を抜いて地盤を固める。砂杭は、護岸部分で約四万本、埋め立て部分で約二万本が必要と試算。いずれも水深七十㍍まで打ち込む。

防衛局は、軟弱地盤などを理由とした県の埋め立て承認撤回を取り消すよう、国土交通相に行政不服審査請求中。県辺野古新基地建設問題対策課によると、報告書は軟弱地盤があっても対応可能とする防衛局側の主張を裏付ける証拠として作成されたものだという。

防衛省側は審査請求中だとして地盤改良の検討内容や地盤調査の結果を公表していない。防衛局は本紙の取材に、「地盤改良に関わる具体的な設計などの検討は、現時点で答えることは困難」と回答した。

安倍晋三首相は一月三十一日の衆院代表質問で、地盤改良のため設計変更する方針を政府として初めて認めた。設計変更は県知事の承認が必要だが、県は変更を認めない構えだ。

辺野古新基地建設について、県は地盤改良に五百億円かかると独自に試算。埋め立て工事全体で二兆五千五百億円に膨らむと見ている。

水深70メートル　難易度高く

羽田空港の拡張工事で地盤改良の検討に関わった田中洋行・北海道大学名誉教授の話　工法自体は標準的だが、問題は深さ。同じように軟弱地盤があり、難工事だった羽田空港D滑走路建設の改良工事でも改良の深さは水深四十㍍前後だった。水深七十㍍まで杭を打つ改良工事は私は聞いたことがなく、難易度は高いと考えられる。深くなるほど工費はかかるし、工期も延びる。

米、INF条約破棄通告
ロと物別れ、半年後失効

【ワシントン＝後藤孝好】トランプ米大統領が破棄の方針を示していた中距離核戦力（INF）廃棄条約を巡り、ポンペオ米国務長官は一日、国務省でロシアへの破棄通告を発表した。通告は二日付。米ロが互いに条約違反を非難して協議は決裂しており、条約は正式な通告から六カ月後に失効する。冷戦終結の契機となった歴史的な意義を持つ条約がなくなれば、新たな軍拡競争につながる恐れもある。

＝核心・核軍拡止めなく❷面

トランプ氏は昨年十月、ロシアが配備を進める新型の地上発射型巡航ミサイル「9M729」について条約違反と批判。米国は交渉期限とした二月二日までにミサイルを廃棄するか、射

ロシアの説明を聞かず、交渉も行おうとせずに、以前に下した破棄決定ありきだ」と非難した。

米国のトンプソン国務次官（軍備管理・国際安全保

米ロ間の核軍拡をめぐる主な動き

2018年	2月	トランプ米政権が小型核弾頭を開発すると明記した「核体制の見直し（NPR）」を公表
	10月	トランプ米大統領がINF廃棄条約破棄方針を表明
	12月	ポンペオ米国務長官が、ロシアがINF廃棄条約を守らなければ米国は60日以内に履行をやめると最後通告
		ロシアのプーチン大統領が核搭載可能な極超音速ミサイルを19年中に配備すると宣言
2019年	1月	米ロがジュネーブで次官級協議
		トランプ政権がロシア、中国が開発する極超音速兵器への対抗策を打ち出した「ミサイル防衛の見直し（MDR）」を公表
		トランプ政権が小型核弾頭の製造を開始したことが明らかに
		米ロが北京で次官級協議、物別れに終わる

図24　東京新聞2019年（平成31年）2月2日（土曜日）1面より

四　杭の不適切な施工

杭は沈下するものと心得よ

地盤は生き物である。わずか五〇ミリメートルの小さな孔から得られた情報をもとに設計された杭。掘ってみなければわからないことも多い中で、行われてしまう「不適切な施工」とは⁉　「杭は沈下するもの」と心得た上で、沈下しにくい杭を構築することが求められる。

杭の不適切な施工例は、文献などで示されていますが、ほとんどの場合が時間との闘いの中で起こっています。現に、最初に十分な時間をかけて地層の確認をしながら行う「試験杭」で問題の起こることはほとんどなく、杭工事の最終段階で起こることが多いのも、「急ぐ」ことが油断につながり、それが原因となることが多いと言えるはずです。

工事現場からの機材の撤収を急ぐことによる、重機移動時の転倒、あるいは撤収最終日に杭が斜めになったり、掘削用の機材が破損したりするのも、結局のところ十分な工期がない中で起こった事故と言えます。

さらに、支持地盤に大きな力が加わることになる支持杭として設計された場合、特に上部構造の柱に対して一本の杭で支持する場合は、その影響が壁のひび割れとして数年後に現れたり、比較的大きな地震の後に杭の部分的な破壊や変形によって建築物が沈下するという形で現れたりすることもあります。

杭先端部の品質管理が十分に行われていないために起こる事故と言ってしまえばそれま

でなのですが、直接目で確認できない支持地盤という自然を相手にしていることを考えると、後になって杭の設計上のわずかな配慮があればと悔やむことよりも、設計上である程度のフェールセーフ[※注]を考えておくことも必要と考えます。

ここでは、杭の不適切な施工の実例とその影響について取り上げます。

四-一　杭頭

文献でも紹介されているように、杭施工のトラブルで代表的なものが、杭頭の施工不良です（図25）。これは、実際に杭の施工後に杭頭を斫《はつ》ることや、目視で確認できることによるものです。場所打ちコンクリート杭では、杭頭部の強度不足、杭径不足、断面欠損、コンクリートの欠損、コンクリートの充填不足、形状不良などが代表的な施工不良です。既製コンクリート杭でも、高止まりした杭の

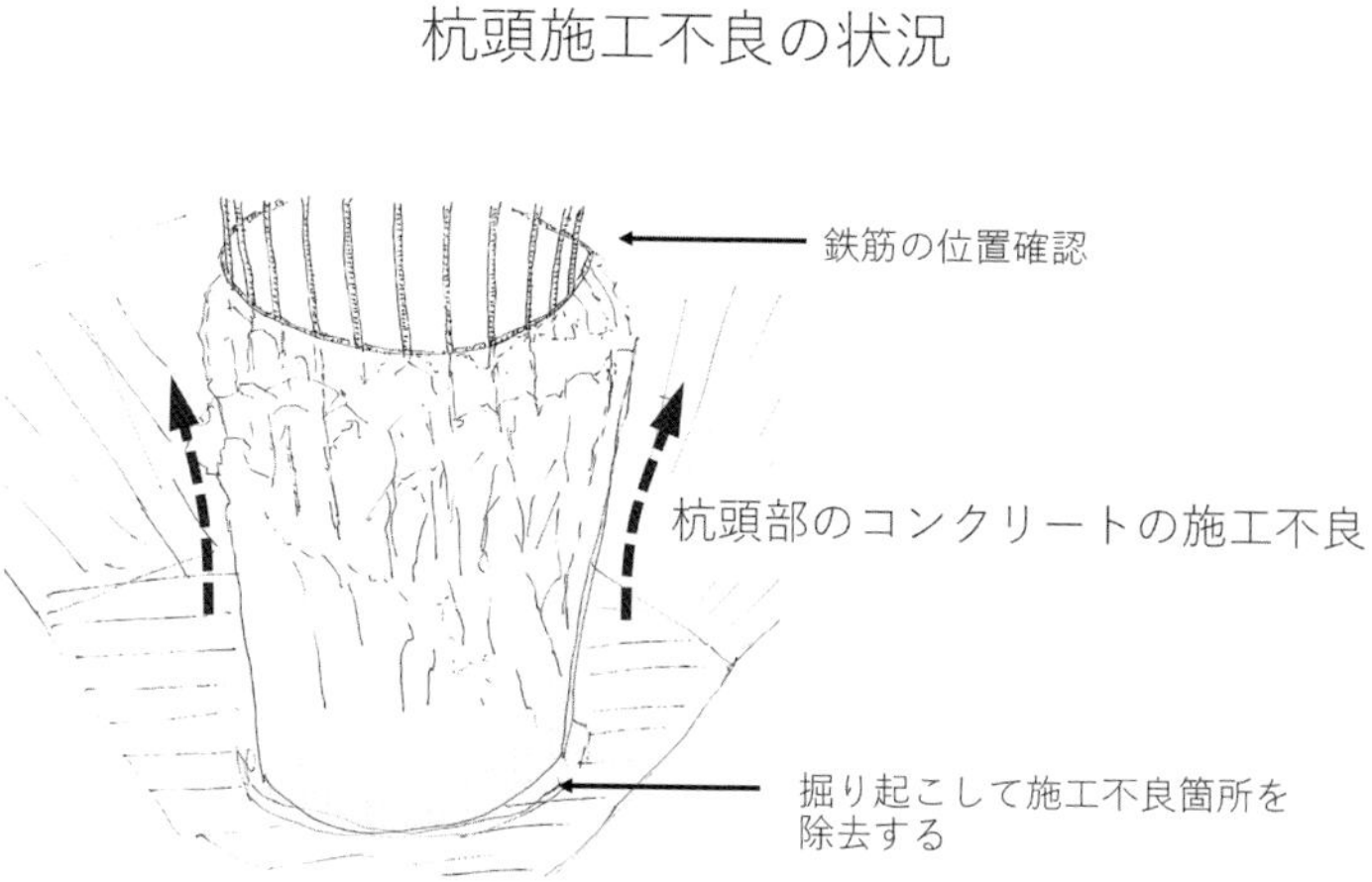

図25　杭頭の不適切な施工

杭頭の不適切[※注]な処理などが散見されます。

一般に杭頭のレベルは地中にあり、杭工事終了後に山留め工事などで地面の掘削工事の後に杭頭が現れ、その上部を処理することになります。そのため、杭の施工状況を確認後、杭の是正工事をすることはかなり困難となり、大幅な工事工程の遅延となります。杭工事は一般的に長くても三カ月程度で終了することが多く、それ以上の工程を必要とする大きな工事現場の場合は、さらに機材を投入することになります。

杭頭の施工管理方法について明快に説明できる元請施工会社は、施工管理全体について行き届いた品質管理が期待できます。逆に、杭頭の管理を下請協力会社任せにしているような元請施工会社は、その後の品質管理については黄色信号がともります。

了した杭工事

フェールセーフ
完璧な施工ができなくても、杭の沈下などによる建物の傾きや壁のひび割れが発生しないように設計で配慮しておくという意味。

不適切な処理
法律に違反してはいないが、長期的な地盤の沈下や将来起こりうる大地震の際に建物に影響が出るような対処方法。

適切に施工された杭頭

掘削時の杭頭状況

四‐二　ネガティブフリクション（NF）

既製コンクリート杭や鋼管の打込み工法は、支持層に到達したかどうかや、地盤への貫入状況を直接確認できるという点で杭工法としては最も確実な施工方法の一つですが、時にはトラブルもあります。その一つが、表層が軟弱地盤で数十メートル地下に比較的硬い地層がある場合です。先端が硬い地層に到達した段階で打ち込みによる沈下量が極端に少なくなり、十分に打ち込めず、逆にはねる「リバウンド」という現象が起こります。杭としては十分な強度が得られたと判断されますが、年月の経過とともに上部の軟弱な地層が地盤沈下を起こし始めると、杭自体が硬い支持地盤に支持されているため、杭に下向きの周辺摩擦力が加わり、杭が地盤との摩擦で下向きに引っ張れるようになります。この杭に働く下向きの摩擦による力のことをネガティブフリクション（NF）と呼んでいます。

建物敷地周辺だけでなく地域全体で起こる地盤沈下もあります。このネガティブフリクションがどの杭に対しても同じように加わることはなく、それぞれの杭ごとに、地盤沈下による下向きの力が加わります（図26）。湾岸地域の大規模な工場などの設計では必ず遭遇する事例です。工場の鉄骨の上屋などは比較的荷重が小さいのですが、地盤沈下によるネガティブフリクションの影響が顕著に表れ、最悪の場合、杭が破損し、クレーンが走行できなくなったり、床の水平が保てなくなったりすることがあります。

ネガティブフリクションの軽減のために、既製コンクリート杭や鋼管杭では杭と地盤の摩擦を減らす工法が開発されていますが、場所打ちコンクリート杭では、杭の設計時に十分な検討をする必要があります。上部の軟弱層の性質を十分見極めるとともにその対策もあらかじめ考えておくことが重要となります。諸先輩方の貴重な多くの失敗経験があって初めて安全な基礎の設計ができることを、身をもって感じます。

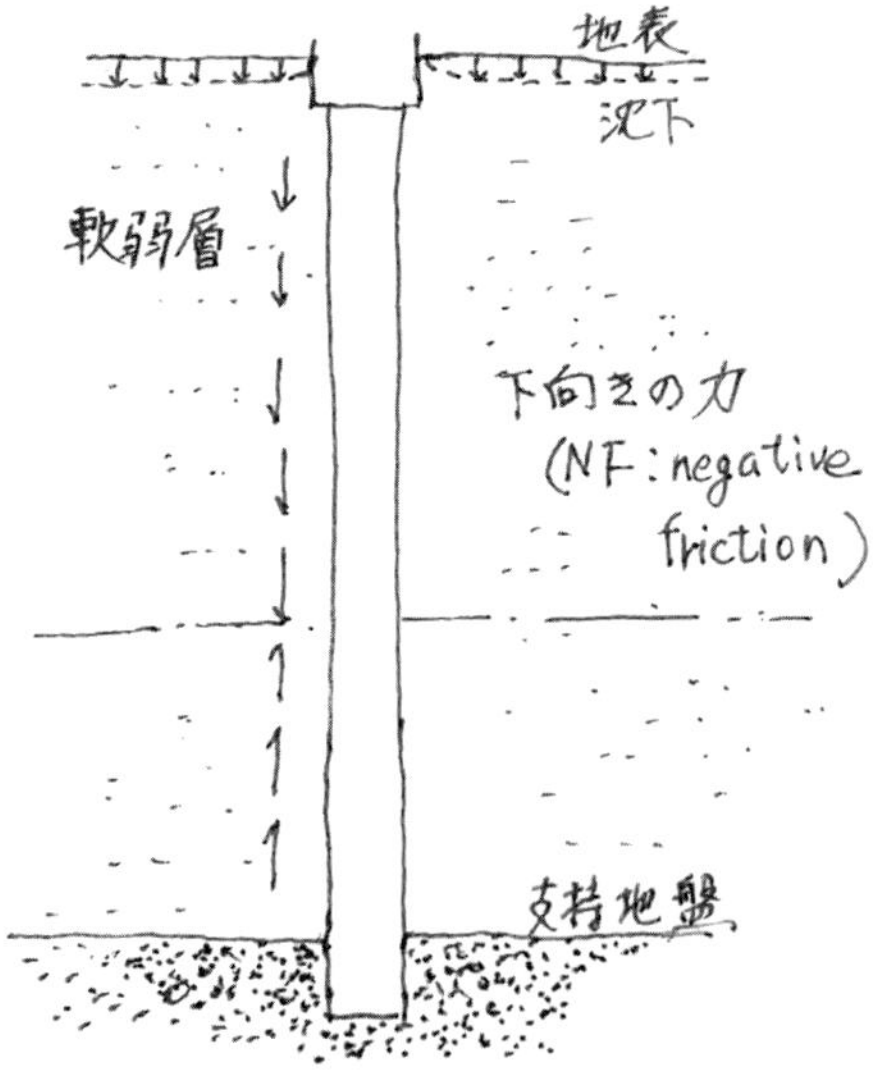

図26　杭に加わるNF

NFを考慮した埋立地のクレーン建屋
湾岸埋立て地域でNFを考慮して建設された工場、特に100トンを超えるようなクレーンが設置されている場合は常時杭加わる荷重が変動するため不同沈下が生じやすい。

安
全
MMI

四-三　沈下

先端支持力については、支持層の性質に依存します。最も多い不適切な施工は、ボーリング調査で十分な地層の厚さを有する硬い礫などの層に届いた杭と、同じ地層でありながら十分な地層の厚さがない杭があることで、沈下量の異なる杭となることによる「不同沈下」※注です。この場合、それらの杭に支えられた上部構造に沈下の差が生じ、基礎梁※注にクラックが入り、最悪の場合は上部構造が傾くこともあります。こころない施工者の場合は支持層を十分に確認せずに「設計図通り」※注の長さで掘削を終えていることもありますが、現場で施工中の杭の長さの調整方法としては、場所打ちコンクリート杭では支持地盤の深さによって長さが変わった場合、そこに入れる鉄筋の長さを再調整することで対応することが多くなります。既製コンクリート杭では杭の頭をカットすることになりますが（図27）、丁寧に施工を行う必要があり、工程が伸びてしまうことにつながります。

工程という点で見ると、場所打ちコンクリート杭の場合は、十分にスライム※注を沈殿させてから処理をするべきところを早めに行ってしまうと、杭先端と支持層の間にスライムが固まった十分な強度がない層ができてしまい、上部の荷重が加わった際に沈下する可能性が高くなります（図28）。このことは既に述べた通りですが、柱下に一本の杭配置では、わずかな杭先端の沈下でも不同沈下の場合は上部構造への影響は大きいということを十分考慮する必要があります。最近の事例では、海老名駅の建屋の沈下で杭先端に残された強度の低いスライムが原因とされたことがあげられます。

また、建替えなどで既存の杭を撤去した場合に十分な鉄筋がない杭が見つかることがあります（図29）。品質管理が行き届かなかった高度経済成長期の建築物の杭解体時などに見受けられる光景です。このような建築物は建設当時の建築確認申請図書や検査済証などもないことが多く、一-六で述べたように、建替えなどで既存の地下躯体《くたい》などを再利用する際は特に注意が必要です。図29の写真は、既存建物の杭を撤去する場合に見られる貴重な資料です。まばらな鉄筋や骨材の少ないコンクリートの杭ですが、十分な調査もされないまま産業廃棄物として処理されてしまいます。

不同沈下
杭の沈下量がそれぞれ異なることにより、上部構造の柱も異なる沈下をする。

基礎梁端部のクラック
杭が沈下をすると柱も沈下し、柱につながっている基礎梁が下向きに引っ張られ、結果として柱と接する梁の端部に亀裂の入ることがある。

「設計図通り」
建築確認で役所に申請した設計図の通りという意味。杭に関しては、あくまで想定地盤による設計図である。

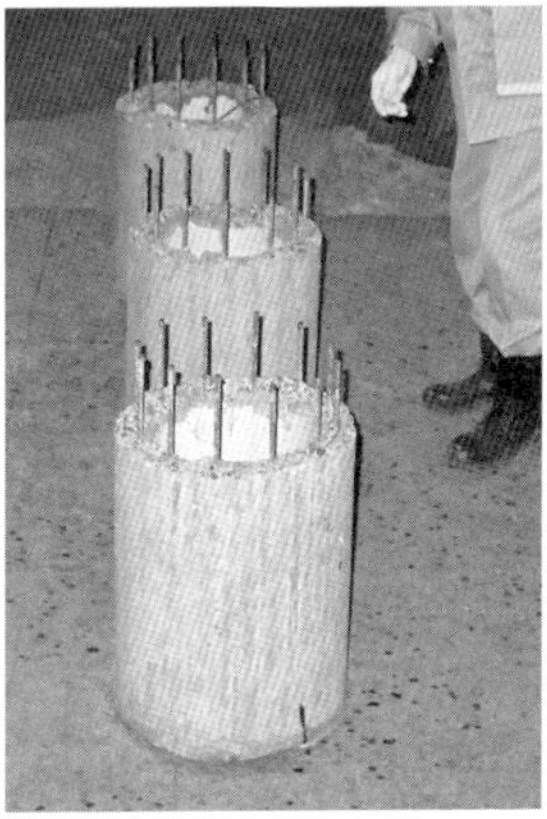

図27　カットされたPC杭の杭頭

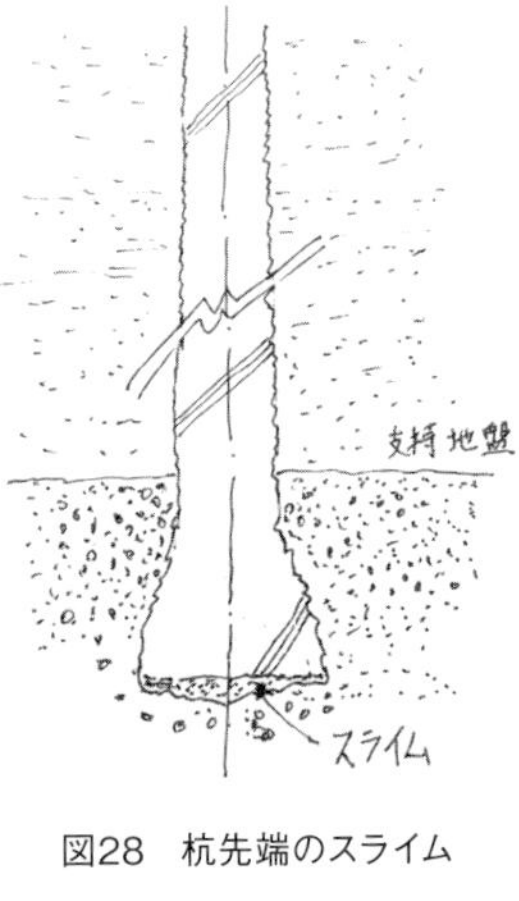

図28　杭先端のスライム

スライム
ベントナイト溶液に掘削中の泥分やセメントミルクが混ざった、強度を期待できないペースト状の塊（105ページに詳細）。

図29　手抜き工事の温床であった杭工事

四-四　破損

杭の破損について、まず、既製コンクリート杭の場合は、トレーラーでの運搬時に振動や衝撃でひび割れている場合があります。目視では確認できないひび割れでも打込み工法ではその衝撃でクラックが入り、ハンマーで叩けなくなるためにすぐに判明します。高止まりした杭（図30）では打撃回数も多くなり、破損する可能性がより高まります。

一方、埋込み工法で打撃をしない場合や、最終打撃近くで割れた場合などは、杭に生じているひび割れなどを見逃す可能性が高くなります。また、杭が破損している影響は大地震などを受けた際に建物の傾きとして現れることもあり、傾いた建物の地面を掘り返してみると杭頭が破損していた、というのは比較的多い事例です。中には、杭の中間部や接合部で破損していた場合も報告されています。杭の健全性はさまざまな方法によってある程度は可能ですが、上部構造のように、目視での確認は難しく、推定の域を出ないことも多くあります。

図30　高止まりした杭

四-五　地震による影響

ここでは杭が破損し建物が倒壊する具体的な事例を紹介したいと思います。阪神・淡路大震災では「震度7」という過去に経験のしたことのない巨大地震で多くの建物が甚大な被害を受け、多くの尊い命が失われました。杭の被害も数多く報告されていますが、地層の違いによる影響と、それによる建物の倒壊が報告されています。支持層が自然地盤と盛土にまたがる例です。

少し詳しく説明しましょう。支持する地盤の深さが同じで上部の地層が異なる場合の建物の倒壊例です。盛土部分が液状化し、杭に横から圧力が加わり（側方流動という）杭が破壊され、建物が沈下し、沈下しなかった部分を引っ張る形となり、沈下せずに健全であった部分の柱が破壊し（せん断破壊という。図31-1、31-2、31-3）、建物全体が倒壊したのです。一見、平坦な敷地でも盛土部分は流動化しないまでも地震時の地盤の変形が大きく、杭に側方流動による大きな力が加わることがあり、そのような地盤では設計時から細心の注意を払う必要があります。

重要なのは、地盤は常に変化する可能性があるということを念頭に置くことです。

図31-1　自然地盤と盛土地盤をまたぐ杭基礎建物の被害
撮影：川瀬信一／ 提供：神戸大学附属図書館 震災文庫

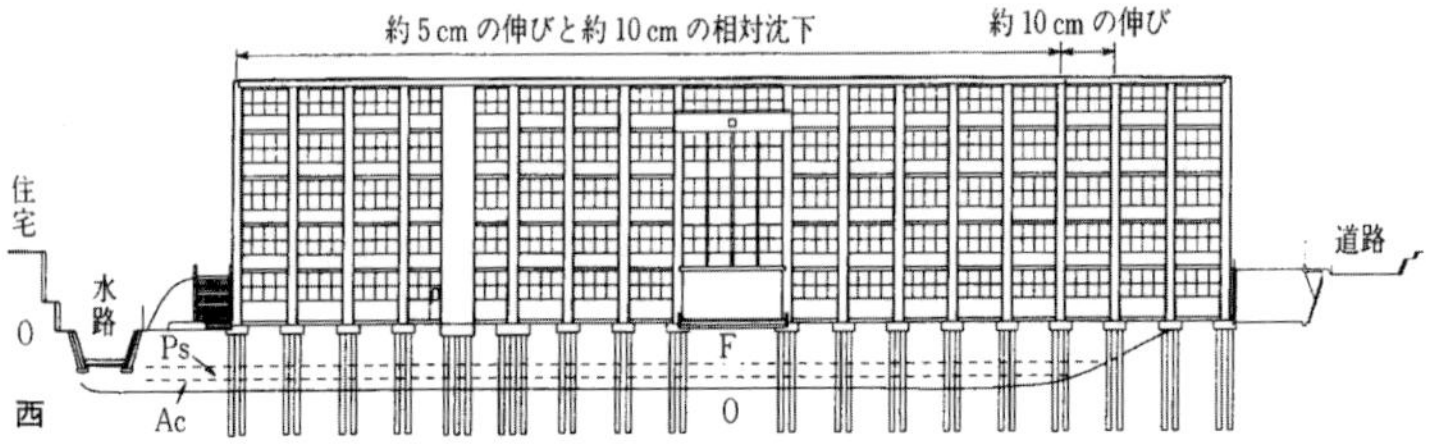

図31-2

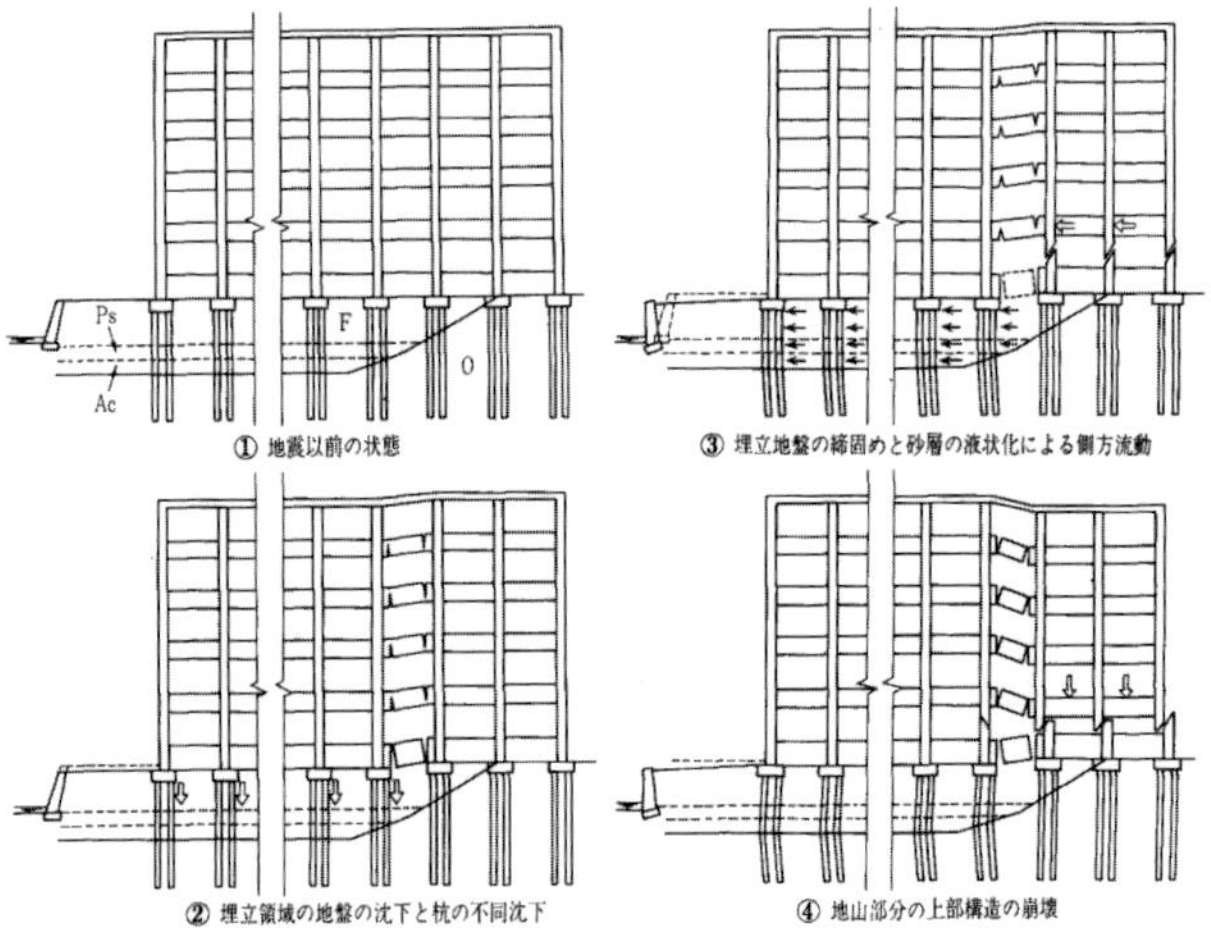

図31-3

兵庫県南部地震による市立西宮高校の破壊機構　西田一彦・八尾眞太郎・
楠見晴重・西形達明・伊藤淳志（地盤工学会「土と基礎」 報文2468より抜粋）

また、工場などの大きな敷地では、造成時に敷地内で切土、盛土を行い整地することが多いため、建屋以外にも、ストックヤード※注の配置も重要になります。盛土部分の敷地に山積みされた製品は大きな被害を受けることがあり、設計時に切土、盛土の部分を十分把握することで被害を最小限にとどめることが可能となります。

杭が破損に至らないまでも、水平方向に変形することによって、鉛直方向にわずかに変形することがあります（図32）。特に、建物周辺部の杭は地震時の影響を大きく受けるため、大きな地震を受けた後には、建物周辺部の柱や梁、

ストックヤード
工場などで完成した製品を出荷まで保管する場所。

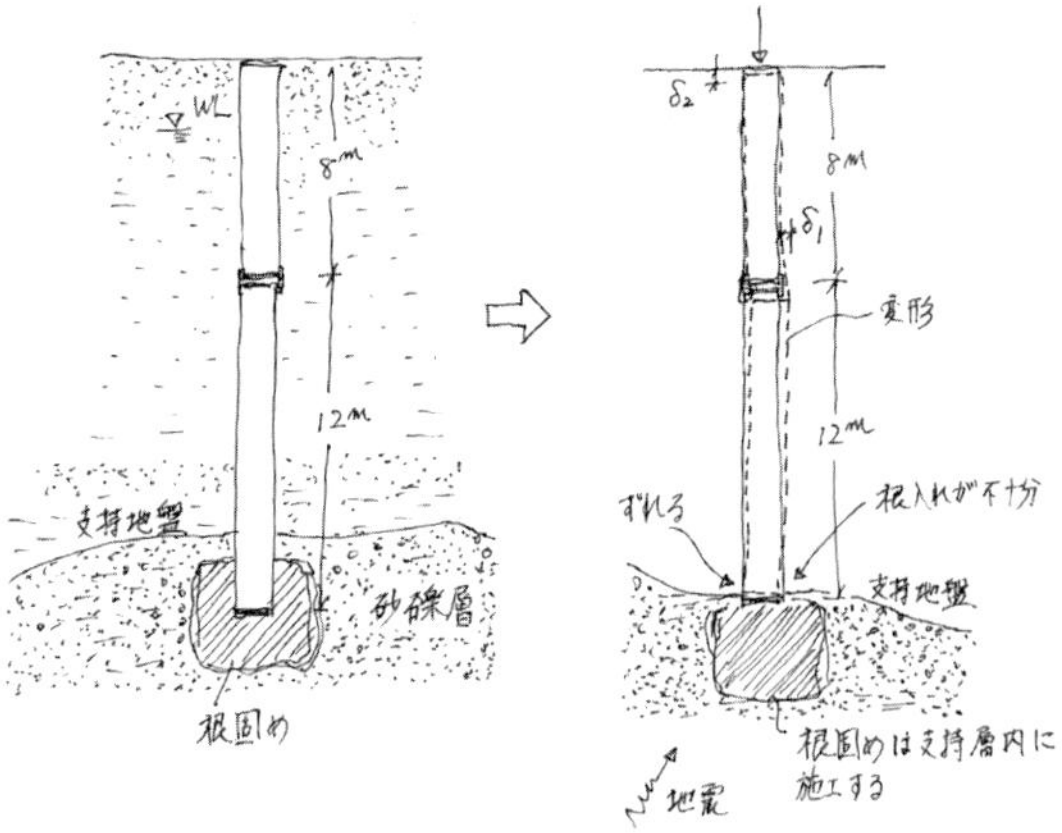

図32　地震などで生じる根入れが不十分な杭の変形

鉄筋コンクリート造であれば壁などのひび割れを入念に調査することが重要です。

地震後に建物の健全性を調査する方法の一つとして建物地下のピット内で基礎梁の周りのクラックの状況を確認する方法があります。杭に何らかの異常が発生している場合は、わずかの杭の沈下でも基礎梁の端部にひび割れが入る可能性があります。このひび割れの入り方で建物の健全性を確認することが可能となります。

四-六　不毛な訴訟

杭の不適切な施工が原因で、建設訴訟にまで発展する事例があります。横浜の事例では、東日本大震災後に住民が手すりのズレを発見したことに始まる訴訟があります。当初、事業者は「ズレは問題ない」としたものの、その後の詳細な調査から杭の不適切な施工によるものであることが判明し、二〇一五年一〇月の新聞報道で表面化しました。

これは横浜市が記者会見をする事態となり、その翌日には事業者が管理組合に対して「全棟の建替え」を提案することとなりました。その翌年には、管理組合が建替えを決議、その後、事業者はその費用を元請施工会社に請求することを表明します。

事業者は元請施工会社を提訴するに至り、裁判となっています。これは補償費用が巨額になり、協議や調停でも解決できない状況に陥っていることが背景にあるためです。

直接の原因は不適切な施工を行った会社にありますが、その原因の多くは厳しい工程にあることは既に述べた通りです。データ偽装が行われた事例もありますが、建築基準法違反、建設業法違反などでそれなりの処分を受けることになります。素朴な疑問としてなぜそのようなことが起こるのかをもう一度振り返ってみたいと思います。

設計者が上部構造との関連で杭を構造物全体の一部として安全性を考えていた頃には起こりえないことであったと思います。国土交通省が認定した杭工法の場合、設計者は、その耐力の数値や計算式、支持地盤の種別などを[※注]メーカーから入手し、その数値を百パーセント信用して設計に盛り込むことになります。この認定工法の安全性が揺らいでいるのです。今では、「認定工法には気をつけろ」が合い言葉です。メーカーが提供する数字を自ら改竄《かいざん》したという事実は重く受け止めなければなりませんが、建築主や設計者の責任も考えてみる必要があります。

横浜の事例では既製コンクリート杭根固め工

図33　杭施工ミスの杭の建替え工事 ©Google Earth

法によって施工された杭をすべて撤去した後に場所打ちコンクリート杭で施工していることが推測されます（図33）。問題となった既存の杭についてはすべて公表されるべきものではないかと思いますが、支持地盤に傾斜のある軟弱地盤の杭は地震時に問題の発生することが多くあることは「四-五　地震による影響」で述べた通りです。杭のわずかな損傷で上部構造にひび割れや傾きが生じることもあります。

　また、支持地盤に傾斜のある軟弱地盤

「メーカーから入手の数値を百パーセント信用する」

性能設計になってからは大臣認定のメーカー品については、メーカー責任で性能を保証することが原則となり、設計者は原則関与しなくなっている。

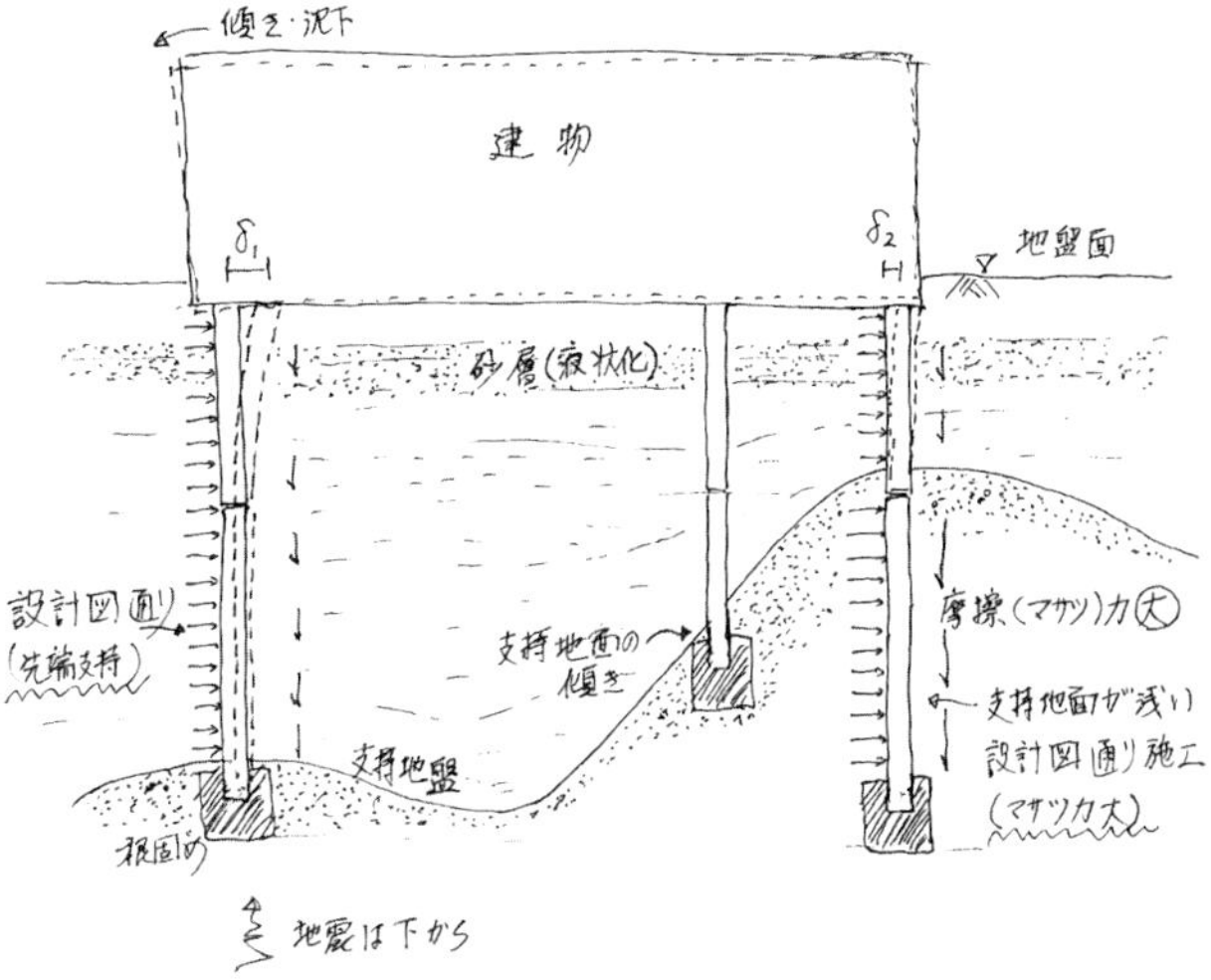

図34　支持地盤に傾斜のある杭

では杭の摩擦力による沈下量の差が生じることがあります。

図34のように、「設計図通り」に支持地盤に必要以上の長さの杭を施工した場合、杭に加わる摩擦力が異なり、上部構造から加わる沈下量に差が生じます。この影響は建物周辺部で大きくなるため、施工中に於いてもその影響を見極める必要があります。「設計図通り」に施工することが不適切な施工につながり、時には訴訟にまで発展するということがあるところが杭の設計の難しさであり、また、設計の醍醐味でもあります。

いったん訴訟になってしまうと、多大な労力と費用がかかります。その労力と費用を新しい技術の発展に向けてほしいものです。

◎「液状化」とは？

液状化とは、地震時に水分を多く含む砂地盤が砂と水分に分かれ、比重の軽い水分が地上に噴き出す現象です。一度、液状化した砂層は締め固められた状態となるため、二度目は液状化する可能性が低いとされていましたが、最近の地震では二度液状化が起こったという報告があります。地中に液状化層がある場合は、その層の厚さによって対応することになります。地震時の水平力に対して杭の強度を大きくするか地盤改良によって液状化そのものを起きにくくするという方法で、上部構造の重要度や規模によって対応することとなります。

五　杭の安全性

事業者は建築基準法で「必要十分」とするが・・・

杭の安全性を担保するものは、設計から施工に関わる人々が、自然に対して謙虚に向かい合う姿勢である。それぞれの立場でさまざまな基準や指針をクリアするのは「当然」ではあるが、それだけでは「十分」とは言えない。今も動きつつある地殻の上で生活しているというある種の感覚が重要である。

ここまで杭の設計、地盤、施工などについて述べてきましたが、本章ではそれぞれの立場からの杭の安全性について考えてみたいと思います。

杭の施工管理方法として、松杭及び既製コンクリート杭の打込み工法では、打込み回数や打込み量によってその耐力が推定できました。しかし、場所打ちコンクリートのアースドリル工法はベントナイト溶液の中を支持層まで掘削し、そこにコンクリートを流し込むという工法で、「目視」での確認ができません。従って、先端部分の耐力に多くを期待するということになると先端部分の施工管理が重要であることは、技術者であれば誰もが知るところです。

しかし、実際の現場では、施工中に杭掘削孔内のコンクリートや土の混ざった強度の低いスライムと呼ばれる成分が支持層に沈殿するため、十分な先端支持力が得られない場合もあります。長い杭では、何年か後に先端から支持地盤に上部の荷重が伝わったときに、この強度の低いスライムと呼ばれる部分が沈下し、上部構造に影響を与えることがあります。

このスライム除去の処理をした後にコンクリートを流し込むのですが、まさにここが「目視」では確認できない部分です。超音波検査で、掘削した孔壁や確定した支持層部分の確認をした後に、スライムの沈殿を待ち、バケットでスライムなどの沈殿物を取り除いてから鉄筋を建て込み、コンクリートを流し込むのです。しかし、完全にスライムを取り除くことは困難であり、そのことを設計者としてどのように考え、どのように対処するかが重要となります。

今は「施工のことは施工者に任せて設計者のすることではない」として業務を縦割りにする風潮もありますが、地盤という不確かなものを相手にしている以上、完璧に近い施工は可能であっても完璧な施工は難しいと考えるのが妥当です。スライムの除去に関しても完全に除去することは不可能である以上、ある程度のスライムが残るという前提での設計が求められます。

話を戻しましょう。開発当初の大口径拡底リバース杭の設計では、先端支持力を大きくとれることから、上部構造の柱下に一本の杭という設計が採用され始めました。それまで柱下に複数本の杭を配置していた設計だったものが、大きく変わろうとしていました。実際の設計でも数百トン近い荷重を一本杭で支持するというのは、当時、杭の専門家である大学教授からも「二本で支持してはどうか」という指摘を受けたこともありましたが、コストが二〜三パーセント下がることで納得いただいたことを覚えています。具体的な設計上の配慮としては、沈下などにより、数百トン約半分の支持力が発揮できない場合、その可能性を考慮して、杭周辺の基礎梁を補強する例があります。また、建物規模が大きくなると、建物周辺の杭に加わる力と中央部の杭に加わる力が異なるため、いわゆる「不同沈下」の可能性も考えられます。この不同沈下の影響は、最悪の場合には上部構造の壁のひび割れとして現れることがありますが、この場合も上部構造の壁にスリットを設けるなどして対応するなどの対策が求められます。

このように、柱下一本の大口径拡底リバース工法は開発当初、設計や対処方法を入念に検討し、施工後は、内部に計測用のひずみゲージを埋め込み、施工中から上部の荷重が杭先端に伝達される経過を二年以上にわたり観察し、十分な検証を試みていました。

新しい工法を採用する際には、施主、設計者、学会などの専門家が知恵を出し合って、経済性、安全性、施工性などを検証し、その結果を広く学会や専門誌に発表し、技術の発展に寄与するという循環がありました。これは当時、現在の耐震設計法が確立される過渡期にあり、技術者がそれぞれの立場で技術力を駆使し、切磋琢磨していたという時代背景も見逃すことができません。

しかし、二〇〇〇年の建築基準法の性能規定化を境に、「仕様を守って設計すればよい」という傾向が強まり、過酷なコスト競争の中で、設計者は安全を考えるよりも基準をクリアした仕様の中でい

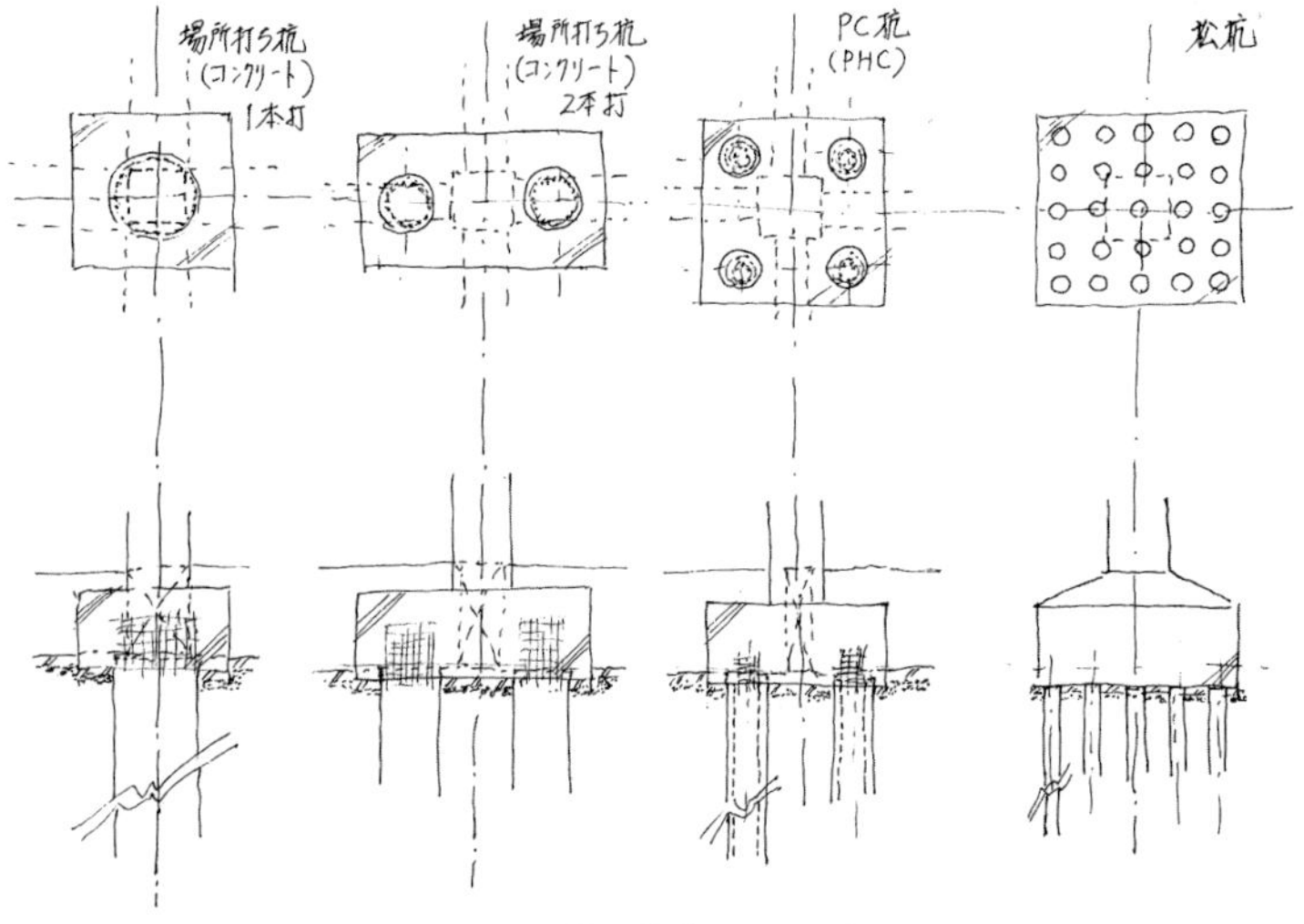

図35　杭と基礎フーチング

かにコストダウンするかに傾注する方向へと向かっていくことになります。このことはやがて姉歯事件へとつながっていくのですが、姉歯事件以後改正された建築関連法規により、さらに仕様が細かく規定され、メーカーなどがその仕様を守るという前提で、施主、設計者、施工者が直接関与しない傾向が強くなっていきます。

例えば自動車の場合なら、実際に走行試験などで組み上げられた完成品として確認することができますが、杭での実大実験は難しく、実際に地震などで不同沈下などが発生して初めてわかることが多いのが現実です。これまでの大規模な地震災害の度に基準法が改正されているのはこのためです。

話を安全性に戻しましょう。現在の建築法規では、それぞれのプレーヤーがそれぞれの基準や仕様を満たした設計や施工をしているだけで、「その基準や仕様を超えた場合に建物全体にどのような影響を及ぼすか」を誰も考えなくなっているのが現実です。設計者は事業者が用意したスペックを満足させることが仕事で、このままでは安全について自ら深く考えることがなくなっていくのではないかと思うことすらあります。

　このことは、やがて重大な事故や災害につながる可能性を内在しています。二〇〇三年のスペースシャトル※注の事故を例にとってみましょう。機体の耐火タイルの落下の可能性自体は一〇〇万分の一以下という極めて小さい確率で製作されていますが、そのうちのわずか数枚のタイルの破損で機体が大きく破損するという可能性があり、その事実を十分に認識できなかったことが報告されています。「確率論の盲点」です。

　個々の部材の安全性が全体構造にどのような影響を及ぼすかを誰かが考えなければ、予想しない大事故につながりかねないということです。そのことがわかるのは設計者だけであることは言うまでもありません。

　今の設計者は、そのことを本当に考えているのか、いま一度、振り返ってもらいたいと思います。度重なる建設関連の不祥事で、設計者の顔の見えないことは大変残念なことではありますが、責任のなすりつけ合いに終始する建築訴訟などは、建築業界にとって決して前向きな議論には発展しないことは、私が言うまでもありません。

◎「仕様規定の落とし穴」とは？

スペースシャトル事故のような大事故とは比べるべくもありませんが、仕様を満たしていても性能が満足に発揮されない身近な例として、床の遮音性能があげられます。

床材や支持金物は、遮音規定を満たしていても、巾木を床と密着して施工するために、床下の空気が抜けずに「ズドンズドン」という重低音が下層階に伝搬する「太鼓現象」を生じることがあります。それぞれの材料の認定や仕様は規定を満足しているものの、組み上がった床全体として性能が発揮されていない一例です。二重床のマンションなどにお住まいの方は是非一度確認してほしいと思います。特にリフォームなどで、二重床の遮音について十分な知識を持たないで施工された場合によく見られます。

スペースシャトルの事故
2003年2月1日に起きたアメリカ合衆国宇宙船スペースシャトル「コロンビア号」が、大気圏に再突入する際に空中分解し、7名の宇宙飛行士が犠牲になった事故。発射直後に断熱材が剥がれ、機体に損傷を与えたことが原因とされている。

五―一　事業者が考える安全

事業者といっても法人や個人オーナー、管理組合などさまざまですが、ここでは「マンションデベロッパーが考える安全」について考察してみたいと思います。

当然ながら、マンションデベロッパーにとっては、「利益の追求」が最優先課題です。「コストを抑えていかに魅力的な物件とするか」が重要となります。一般にマンションでは、建設が始まる前から販売が開始され、購入者に対して訴求する部分を重要視したモデルルームづくり、パンフレットづくりが事業開始の第一歩となります。販売開始前には、これまでのさまざまな顧客に対してのリサーチも当然実施されていますが、何が魅力的であるかというアンケート結果では、「安全性」が必ずしも購入の主な動機となっていないのが現状です。それよりも、キッチン周りや浴室などの住宅設備の充実や、セキュリティの方が販売に寄与するというのが現実です。

コロナ禍で在宅時間が長くなり、通信環境についての要望も重視されてきているようですが、建物の安全性ということになると、「安全性は最低限の基準である建築基準法をクリアすれば十分」という考え方がデベロッパーの間では浸透しているのが現状かと思われます。杭に関しても、施工時の誤差による偏心や不同沈下対策として、基礎梁の補強を加えようものなら、事業者から「建築基準法以上のものは要らない」と一蹴されてしまいます。これに対抗できる技術者はいるでしょうか。

残念ながら、そのような考え方に迎合する技術者が組織の上層部にも多いのが現実であり、施工上の安全性を設計で考慮する必要はないとするのが事業者の基本的立場となっています。それは、数パーセントのコストを競う非常に厳しい事業環境にあるということです。

五―二　設計者が考えるべき安全

私自身、設計者として反省すべき点は多いのですが、杭設計の特殊性をもう少し一般に周知する必要があると思われます。

これまでも述べてきた通り、杭の設計はあくまで想定であり、目視での確認ができない中で「設計図通り」に施工できることはむしろ稀であり、現場での支持層や施工方法を確認しながら設計図の内容を修正していくことになります。

建築物を施工する際に施主の代理として専門家の立場で現場の品質管理が適切に行われているかどうかをチェックする「監理者[※注]」は、建築士法上「設計図通り」に施工することを確認する義務があり、本来であれば一本一本の杭を確認して、設計者の了解を得て変更のある場合は建築主に報告することが求められます。しかしマンションなどの集合住宅ではデベロッパーの品質管理担当者（大手のデベロッパーには品質管理を担当する部署がある）も最初の試験杭に立ち会う程度で、ほとんどが現場任せとなっているのが現実です。

設計者は事業者の手前、確認申請図に記載された内容を変更することに対して神経質になっているため、多少の支持層の変化に対しては、「設計図通り」として現場に指示している場合が多く見受けられます。極端な例としては、設計支持層より上部に比較的安定した支持地盤が確認された場合に、そこに大きな負担をかけて杭掘削機を破損させてでもその層を掘り進め、「設計図通り」の杭の長さを確保しようとすることは珍しくありません。

ここで重要なことは、既に述べてきたように、「杭を必要以上に深く施工した場合に何が起こるか」ということです。もちろんですが、支持層に達しない場合は建築基準法違反となります。

現実には、設計者は事業の企画段階で、「地盤調査結果から事業者の構造担当者が決めた杭の工法と概算に沿って、建築確認申請を期日までに通す」ということが求められます。

事業者の構造担当者が、実質的に杭メーカーに確認しながら設計者の役割をし、建築士法上の設計者は、単なる数字合わせの事務手続きを行っているという分担業務となり、法的責

監理者
建築士法で定められた「監理者」には、設計図通りに施工されているかを確認する法的な義務がある。

任も曖昧となってしまっている感が否めません。

設計者がきちんと安全性を評価するという姿勢が必要ですが、ゼネコンの設計施工ともなると、事業者に提案すること自体難しい状況となってしまいます。設計者は、杭の安全性について意識をいま一度高め、深く考えることが求められます。

五－三　元請業者にとっての安全

杭の施工に限らず、施工者は「工事中の事故防止」が最大の役目であり、建築業法上も労働安全衛生上も重要な役割を担っています。杭工事に関しては、工事着工後の最初の時期であり、他の工事との調整もほとんどないことから、「遅滞なく工事を完了すること」が最優先となります。むしろ杭の工事期間で工程を前倒しにしたいと考えているくらいです。

場所打ちコンクリート杭では、杭体の形状を超音波測定器で確認するという方法があるため、杭先端に溜まるスライムの除去に神経を注ぐことになることは前章で述べた通りです。

施工者によっては、掘削した後に泥分の多いベントナイト溶液を新しい水で置き換え（清水置換という）、スライムを事前に極力除去するという工法を用いることもありますが、そのような施工者は少数派です。超音波測定※注で杭の形を確認するという方法があるにもかかわらず、デベロッパーによっては最初の試験杭だけで超音波測定を実施するという

超音波測定
掘削後に超音波センサーで孔壁からの距離を測定することによって杭の掘削形状を確認する方法。

基本仕様もあります。元請施工者もあえて事業者の基本仕様以上のことをすることは稀で、品質管理に対する姿勢が問われます。この基本仕様は、モデルルームなどで開示されている設計図にある構造図※注の特記仕様で確認することができますので、マンションを購入する際に確認することをおすすめします。

話は戻ります。場所打ちコンクリート杭の施工中に起こる不具合の多くは直接目視で確認できる杭頭であることは既に述べた通りですが、次に多い孔壁の崩壊について補足しておきたいと思います。

孔壁の崩壊については、原因は幾つかありますが、掘削中の砂層や砂礫層からベントナイト溶液が抜けだし（逸水という）、その周辺の地層が崩壊するという事故が代表的なものです。大抵の場合、復旧は可能ですが、機材の再配置や入れ替え、設計変更などで工程には大きな影響が出ます。

もう一つの代表的な不具合としては、「まっすぐに掘れているかどうか」ということがあります。一〇〇分の一以内の傾きという精度基準があり、この基準自体はかなり甘い基準であり、この数値を超えることはまずないのですが、予想外に硬い地盤に当たった場合などで斜めに掘り進んでしまうことはあります。復旧が難しいと判断された場合は、近くに別な杭を施工して（増し杭という）対応することもあります。いずれにせよ施工者は杭の品質もさることながら、工程が最優先課題であるため、このような事故は、杭工事の後半、特に最終日に起こることが経験上多くなっています。

一方、既製コンクリート杭の埋込み工法では特有の課題があります。打撃（杭の頭を叩く）をしない既製コンクリート杭では、支持地盤のコンクリートの根固め部分に杭先端を押し込むという施工をするのですが、この根固め部の状況や支持地盤に到達したかどうかを確かめる直接の手段がありません。当然ですが、国土交通省の認定を得る段階では実際に杭を施工し、その杭を引き抜いた上で、確実に施工できているかの確認は行っています。先端支持力を高めた既製コンクリート杭では、場所打ちコンクリート杭と同様にその部分の施工不良がほぼ直接的に上部構造に影響を及ぼすことになり、慎重

構造図の特記仕様
設計図で構造に関して、材料の強度や各種試験検査方法などを記載したもの。

な施工が求められます。

既製コンクリート杭の場合はその工法の採用過程にも課題があります。既製コンクリート杭の中掘工法の多くは国土交通大臣の認定工法であり、工法の採用に当たっては事業者の構造担当者と杭施工メーカーがあらかじめ申し合わせていることが多いということです。事業者推薦という形で場合によって杭メーカーが実施設計まで行い、施工管理も一手に任され、施工者はまるで商社のような形になることもあります。杭メーカーが新工法を開発して普及のための営業をする場合などは典型的ケースとなります。

具体的な手順としては、新工法の大臣認定の取得段階で事業者の構造担当者への説明や売り込みを行い、何とか試設計をということで地盤調査データを参考にもらいます。杭メーカーの間では、この地盤調査データを入手するという行為で受注がほぼ決まるといわれています。

一方で、設計者不在の状況で杭工法やコストが決められてしまうということにもなりますが、設計担当者としても大臣認定工法ということで手離れもよく、杭メーカーに任せることになり、工事を請ける建設会社も設計図を一目見ただけで、杭についてはメーカー任せで価格交渉に専念することができ、手間も省けることになります。
また、工事規模にもよりますが、大規模な杭工事では監理技術者を杭メーカーからも出すことになるので、建築業法上の負担も軽減され、一石三鳥となります。しかし、この構図の中には、杭で問題を起こした場合のユーザー[※注]の不利益という視点はほとんど感じられないのが現実です。

ユーザーの不利益という視点
建物の基礎に不具合が見つかった場合、費用的な負担がない場合でも、管理組合での合意形成やその後の仮移転など精神的肉体的負担も大きくなる。

五-四　下請協力会社の安全策

元請施工会社が事業主から工事を受注した場合、杭工事を杭施工の専門会社である下請協力会社に発注することになりますが、元請施工会社は事前に下請協力会社何社かで見積合わせを行い、技術力や周辺工事の実績などを加味して施工会社を選定していきます。その金額に経費を上乗せしています。

マンション事業における杭工事では、事業者が企画した内容で杭メーカーが責任を持って施工し、法的な設計者や施工者がその仕組みに乗っかり、利益をかすめ取っているという図式が見えてきます。その利益は言い方を変えれば建築士法や建築業法など建築関連法規が守っているという見方もできます。このような図式の中で実際に杭を施工する下請協力会社はさらに下請の零細施工会社に鉄筋の加工や掘削労務を依頼するという建築業界の重層構造ができあがっています。

では、実際の現場では何が起きているのでしょうか。順にひもといてみましょう。

まずは元請施工会社が設計者に提出する「杭[※注]工事施工要領書」が基本となります。これも杭メーカーが作成することが多く、元請施工会社に対する下請施工会社の営業の一つとなっています。この結果、杭の施工会社がなかなか決まらない場合は、杭工事開始の直前まで「杭工事施工要領書」が提出されないこともあります。また、元請施工会社の杭担当者が試験杭の直前にもかかわらず、その内容を十分に理解しているとは思えない場合もあり、下請施工会社や杭の実際の施工者が事業者の構造担当もしくは品質管理担当者への説明に同席することもあります。

大手のデベロッパーでは、品質管理担当者がプロジェクトごとに配置され、通常物件ごとに、試験杭の立会いから竣工まで一貫して建物の品質管理を担当するのが一般的です。事業者側の品質管理支援システムも完備され、元請施工会社の品質管理体制にかかわらず、事業者としての品質を確保できるように体制が整えられています。

このような体制の中で、杭工事の最初の試験杭は事業者の品質管理担当者や元請施工会社の品質管理担当者など多くの関係者の立会いの下で実施される一大イベントであり、施

杭工事施工要領書
杭を施工する工程や具体的手順を示した書類で、事業者の仕様として決められている場合もあるが、元請施工者が作成する。

工上の課題があればその後の施工に反映されます。事業者の基本仕様が反映された設計図すなわち確認申請図の内容が「杭工事施工要領書」に確実に反映され、その手順に従って現場で施工し、問題がないかどうかを確認するのが「試験杭」の意味となります。

しかし、時に「事件」の起こることもあり、その事件への対応が下請施工会社担当者の力量の見せ所でもあります。その事件の中で最もやっかいなことは、地盤調査結果と実際の掘削による試料の照合結果が一致しない場合です。

特に、想定する支持地盤の地質が異なる場合やその深さが異なる場合は、その他の杭についても支持地盤の性状が地盤調査結果と異なることが予想されるため、さまざまな準備をする必要に迫られます。これは予想外の出費であり、下請施工会社としては厳しい状況ではありますが、ほとんど下請施工会社の責任施工で行うという受注活動の中では、追加の費用を申し出ることはほとんど不可能となります。

事業者も事前に下請施工会社に地盤調査資料を見せているなどしていることから、事業者の品質管理担当者が追加を申し出ることは不可能に近く、むしろ、設計図と現場での施工内容が異なることでユーザーへの説明義務という手間が増えることが問題にされてしまうこともあります。

このように現場ではさまざまな圧力が下請施工会社にかかることになり、杭の安全性や法規よりも事業者からの指示や元請施工会社からの指示が優先される土壌が次々とできあがっていくこととなります。

最終的には「設計図通り」という指示が杭施工メーカーに下されることが多くなり、そのことがやがて大きな代償を払うことにつながることもあります。安全性への配慮がなされないで施工される可能性が高くなっていくのです。

現場では、残念ながら杭施工会社判断で仕様などを変え、安全性を付加した分の費用を請求できる可能性は少なく、良識のある技術者は、利益と安全性の狭間で板挟みとなり、最終的には、「設計図通り」に施工することが下請協力会社の考える安全性、言い換えれば、「安全策」で落ちつくことが多くなるというのが現実です。

五-五　ユーザーにとっての安全

ユーザーから見た場合の杭の安全性は実に簡単で、「問題のないように」という一言につきます。しかしこれは、地震でいうところの「壊れないように」というのに近く、専門性が高いこともあり、杭の安全性を判断できる材料がユーザーにほとんど提供されていないのが現実です。

今後は、ユーザーも日本の地盤が極めて不安定であることを念頭に置き、そのことと向き合って、これまで培った経験や新しい知見の下で杭についての情報を集め、判断することが重要です。幸い、情報はネット上にあふれています。特に、国土交通省のホームページは情報の宝庫で、さまざまな検討委員会の記録まで実に丁寧に記録され公開されていますので、事業者や施工者任せにするのではなく、積極的に情報を取りに行くという姿勢が重要です。

三菱地所レジデンスはユーザーにとって「一生もの」である住まいづくりに5つのこだわりを掲げる

マンションの品質マネジメント手法「TQPM（Total Quality Project Management）」

三井不動産レジデンシャルは、お客さまにご契約いただいたマンションを約束の期日までに引き渡す責任があり、この売主としての責任を果たす上で、設計者・監理者・施工者において各役割と責任に応じた設計・施工管理がなされているかを確認するために、独自の品質マネジメントシステム「TQPMシステム」を用いています。

「TQPMシステム」においては、設計段階での「設計・施工標準」および「設計ゲート管理」の遵守と、施工段階での「重要品質項目（KQI＝Key Quality Item）の立会および書類確認」を設けており、「三井の分譲マンション」としての品質確保と均質化を図っています。

品質確保と均質化のため独自のマネジメントシステム「TQPM」を構築する三井不動産レジデンシャル

免震構造の安全性について

既に筆者は、前著『タワーマンションの真実』（二〇一六年・建築画報社刊）で免震構造の課題について述べていますが、一般に「免震構造」という言葉だけで巨大地震に対して安全であるとの誤った認識が広まっていないでしょうか。免震構造それ自体は地震国日本における安全な建築物の普及という点で推奨されることなのですが、一歩下がって見渡すと、免震構造にもさまざまな種類があり、それぞれ安全性のレベルが異なるということがわかります。

例えば、五百年程度で想定される大地震に対して、建築物が五〇センチメートル動くと想定して設計された建築物では、それ以上の千年程度で想定される巨大地震でどのようなことが起こるかを想定していないケースが増えてきています。建物の途中に免震装置が配置されている、いわゆる「中間免震構造」や細長い建築物で縦横比が1対4を超えるようないわゆる「塔状免震構造」で見かける設計です。

しかし、ときに想定を超えることが起こるのが災害です。百万枚のタイルの一枚が地上一〇〇メートルから落下し、人命を奪う可能性は決してゼロではありません。免震構造の場合でも建物が想定以上に変形し、免震ピットに衝突し、大きな損傷を受ける可能性はゼロにはなりません。

想定を超えたときにどうなるのかを考え、そのことによる被害を最小限にすることを考えるのが設計者の役割の一つであるはずです。

新耐震設計法が施行された当初は、建物がどのように壊れるかを見極めていました。実験室などで、危険を伴いながらも鉄骨や鉄筋コンクリートが激しい音とともに破壊するまで確認したものです。そのような研究者の努力の結果生まれたのが一九八一年の新耐震設計法で、設計者は想定を上回る地震動に遭遇した場合でも致命的な倒壊につながらないようにすることを考えていました。しかし、いつの間にか細かい仕様規定をそれぞれの役割の下で満足させることが、建物全体が安全であることに置き換わってしまっています。

例えば、柱下一本の大口径杭では、当初、建物四隅の杭は、大きな地震力の変動があることから、杭頭径を大きくし、鉄筋を配置して設計していました。初めて採用する際、設計者はそれなりの配慮を行うものですが、より経済性を求められてくると、そのような安全性への配慮は影をひそめてしまいます。

免震構造は、その名の通り地震力を逃がす安全性の高い建物という「印象」が先行している感があります。中間免震構造や搭状免震構造では、想定する地震に対しては経済設計がされていますが、想定を超える地震動に対して建物が致命的な倒壊につながらないようにする配慮がされているかどうかを見極めることが重要となります。

＊参考

【一般的な免震構造】

比較的低層建物で用いられる免震構造でピット内に免震装置を設置し、本来激しく揺すられるところをゆっくりと大きく揺らすことで建物の損傷を軽減します。歴史的建造物の保存に対して、また、低層の建物で多く採用されています。

【中間免震構造】

敷地に余裕がない場合によく用いられる免震構造です。強固な下部構造の上に設置されますが、下部構造との関係で複雑な動きが予想される場合もあります。また、地盤の不同沈下など下部構造の精度保持が絶対条件で、想定以上の地震動を受けた場合の余力を見ておく必要もあります。

低層免震構造

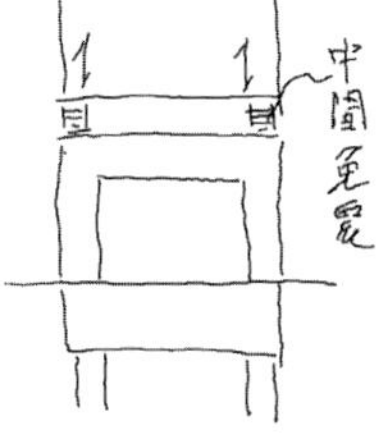

中間免震構造

【搭状建物の免震構造】

最近採用されるようになった搭状建物免震構造ですが、杭頭を半固定として、建物への地震動を軽減し、その上で免震装置により地震動をさらに軽減するという構造です。免震と杭頭の半固定の組み合わせで、巨大地震に対しても耐え得る設計を可能とする構造です。但し、設計条件を上回る地震動に対してのピットのクリアランスや転倒に対する免震装置への引抜き力などを十分に検討する必要があります。もちろん地盤の液状化に対する対策は必須となります。

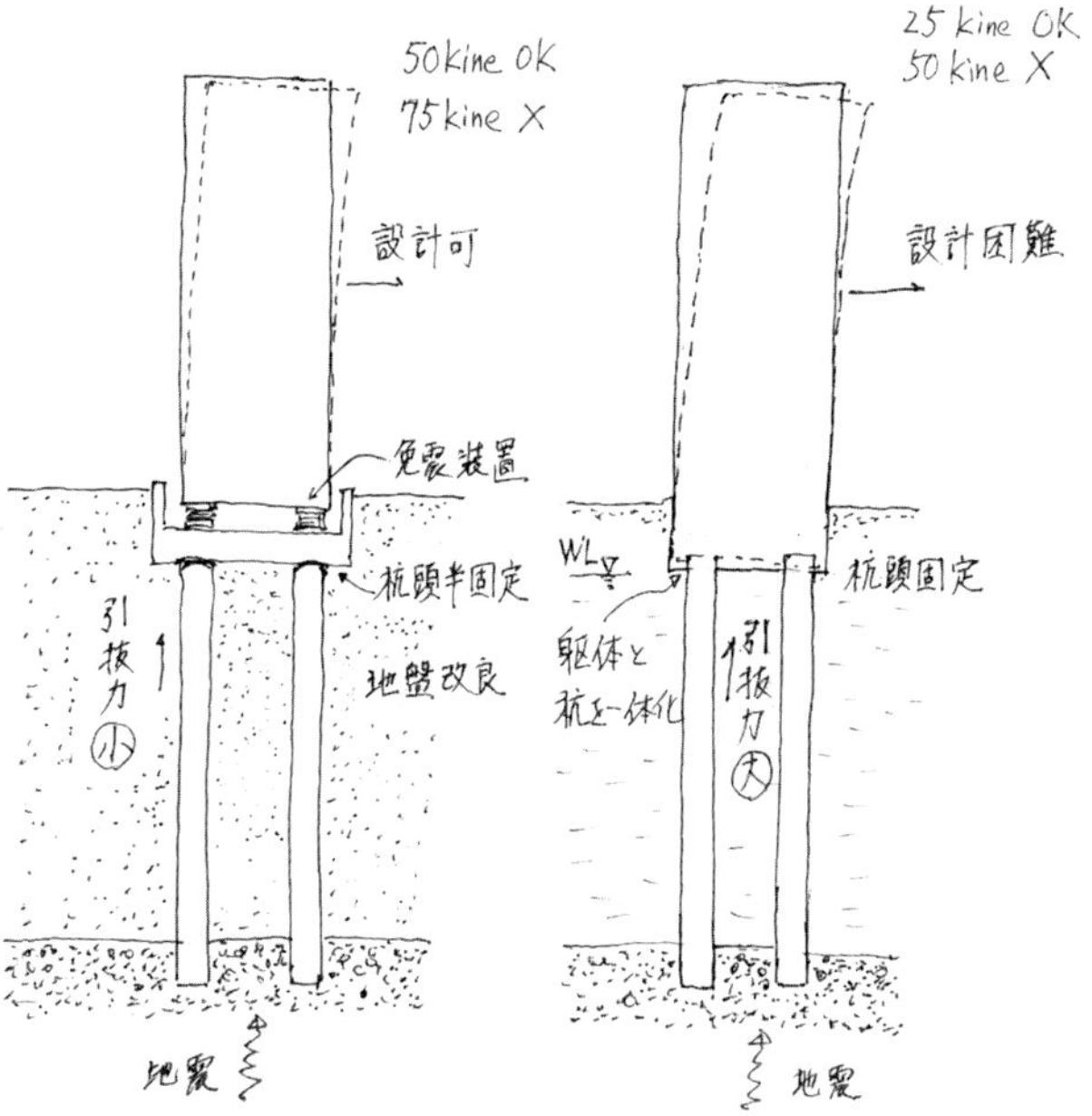
50kine OK
75kine X
設計可
免震装置
杭頭半固定
引抜力小
地盤改良
地震
25 kine OK
50 kine X
設計困難
WL
杭頭固定
躯体と杭を一体化
引抜力大
地震

塔状の免震建物

＊「失敗原因の階層性」とは？

ここで杭の不適切な施工を「失敗」と捉え、それがどのように起こるかということに置き換えてみましょう。

左ページ図36に示すように、「失敗の現れ方と原因には階層性がある」という分析があります。法的な部分はかなり難しい判断になりますが、建築基準法は制定以来七〇年を経過しており、社会システムとの不適合、すなわち制度疲労は避けて通れない議論であると思われます。一見、個人の責任で生じた事故などでも制度疲労が大きく関わっていないかどうかを十分に検討する必要があります。

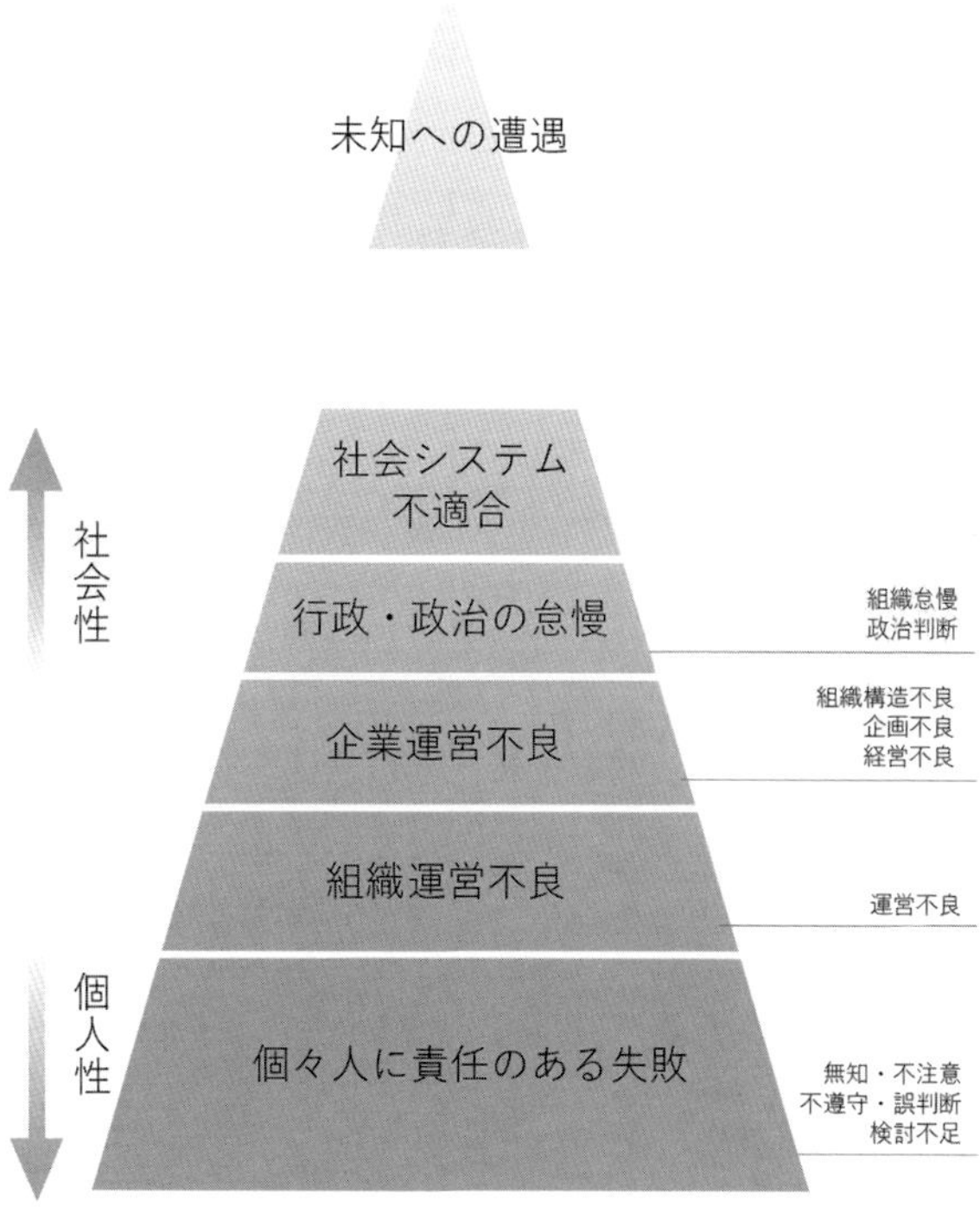

図36　失敗原因の階層性
出典：『図解雑学 失敗学』畑村洋太郎著／ナツメ社

建築基準法の制度疲労は社会システム不適合の一つと捉えられる

六　杭設計者の役割

求められる総合判断

杭の設計とは、杭工事が終わるまで続くものである。事件は現場で起こるものである。時間がないから、コストが合わないからといった言い訳は通用しない。設計者としての自覚が求められる。

杭の下請施工会社の売り込みは、まず事業者や官公庁に対して「国土交通大臣の認定を取得しました」※注という営業から始まります。どの杭の下請施工会社も、事業者の構造設計担当者に内容を理解してもらうことが重要だからです。

言い方を変えれば、元請施工会社は「安くて利益が出る」ことが重要で、施工管理はもちろん、設計までもすべてメーカー任せにできるという手離れのよさから、事業者が採用を認めた大臣認定工法は大歓迎となります。特に、旭化成建材などの大手メーカーが開発した工法や製品は、品質管理が行き届いていることから事業者としても安心して採用できるという事情があります。しかし、現在も係争が続いている旭化成建材の開発した既製コンクリート杭の先端根固め工法は、当時、営業的に場所打ちコンクリート杭に対抗する切り札として開発された工法でした。

それまでの先端根固め工法は先端支持力を大きくとることができずに場所打ちコンクリートの拡底杭工法に比べるとコスト面で大きく引き離されていました。また、柱下二本

「国土交通大臣の認定を取得しました」
新しい工法は、売り込みは激しいが、実績に乏しい場合が多く、特に多様な地盤に十分対応していないことが多い。大臣認定は、砂礫層だけに限定して取得することも可能であるが、実際には、粘土層や、土丹層といった認定されていない地盤が現れることもある。

以上の杭となることが多く、より多くの工期が必要となるばかりか、基礎のフーチングが大きくなるなど、設計者として採用しにくい状況となっていました。しかし、この切り札の既製コンクリート杭は、地盤にもよりますが、マンションなどの中層建築物では拡底アースドリル杭とほぼ同等の耐力が得られることができる画期的な工法でした。

事実、筆者は事業者側の技術者として、この既製コンクリート杭の先端根固め工法の売り込みを受けたことがあります。今では直径が一メートルを超える既製コンクリート杭もありますが、それまでにない八〇センチメートルという大口径の杭で、中低層の建築であれば柱下一本で設計できるという売り込みであった記憶があります。上層部からの紹介でもあり、設計用の軸力とボーリングデータを貸し出して、試設計をお願いしたことを覚えています。

結局このときは、大口径の既製杭で柱下一本の先端根固め工法では、根固め部分と杭との定着方法や耐力が十分に発揮できなかった場合の安全性に対する考え方、支持層が傾斜している場合への対応などの検証が不十分として、採用を見送りました。「国土交通省の大臣認定工法として認められているのになぜ使えないのか」という議論はありましたが、大臣認定自体は比較的理想的な地盤や施工環境下で行われたデータで確認することが多く、一本二本の品質管理と一〇〇本の杭の品質管理では自ずとその方法が変わるのは当然です。その辺はもう少し実績を積んでからということで報告書を書いた記憶があります。

そして一〇年という年月が経ち、横浜のマンションでの杭問題が報じられたときに、あの当時、別の事業者が採用していたのだな、と知ることとなるのですが、当時のこの杭の問題点はこれまで述べた通りです。

既製コンクリート杭の先端根固め工法
杭の先端を掘削機で大きくし、セメントミルクを注入し、既製コンクリートの杭を埋め込む工法で、その形状から、先端の部分を「球根」と呼ぶ場合もある。

六‐一　柱下一本か二本か

ここではあえて設計者に杭の安全性について考えてほしい課題として取り上げてみます。このシミュレーションは筆者が杭の設計に関わった数十年前の課題の一つでしたが、当時、安全性に関する考え方を大きく転換する契機となる基礎工事が行われていました。錦糸町や葛西などの東京湾岸地域での大規模建築物の計画が持ち上がったことです。それまで、湾岸地域では大規模な建築物は軟弱な地盤のために建設が困難とされていましたが、大口径の場所打ちコンクリート杭の施工重機が開発され、六〇メートル近い長さの杭まで施工可能となったことで状況は一変します。

次々と湾岸地域の軟弱地盤地帯に大規模な倉庫や物流センターの建設計画が持ち上がり、大手設計事務所が杭の施工会社を巻き込んでその受注のためにさまざまな工法を開発していきました。N設計事務所とM設計事務所の倉庫建築の受注競争がその典型であり、その後の杭工法に大きな影響を与えることになります。長尺のまるでマッチ棒のようなプロポーションで、杭の先端と頭を広げた拡底拡頭場所打ちコンクリート杭のリバース工法が登場するのもこの時期です。一方で、柱下一本ということに対しての設計上の配慮は徐々に消え去り、やがてその配慮がされないまま柱下一本の杭の設計が広まっていくことになります。

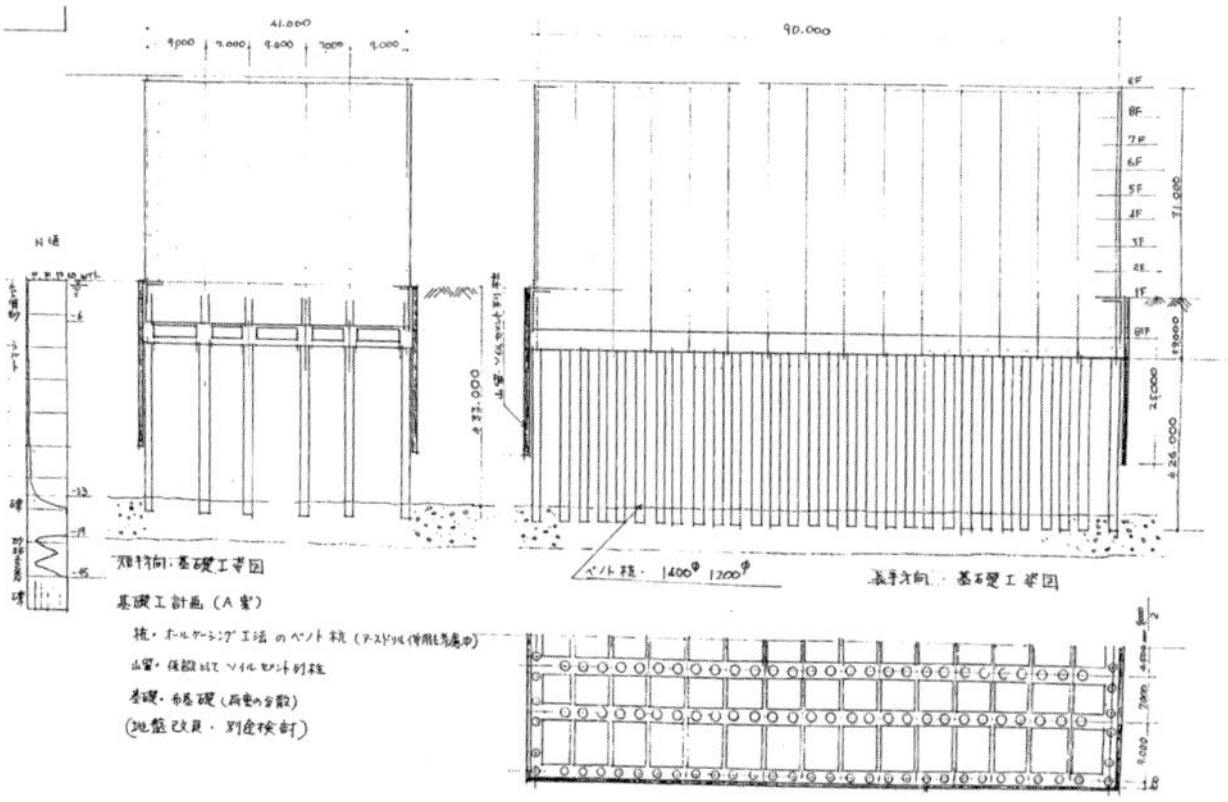

柱下2本の杭（約30m）

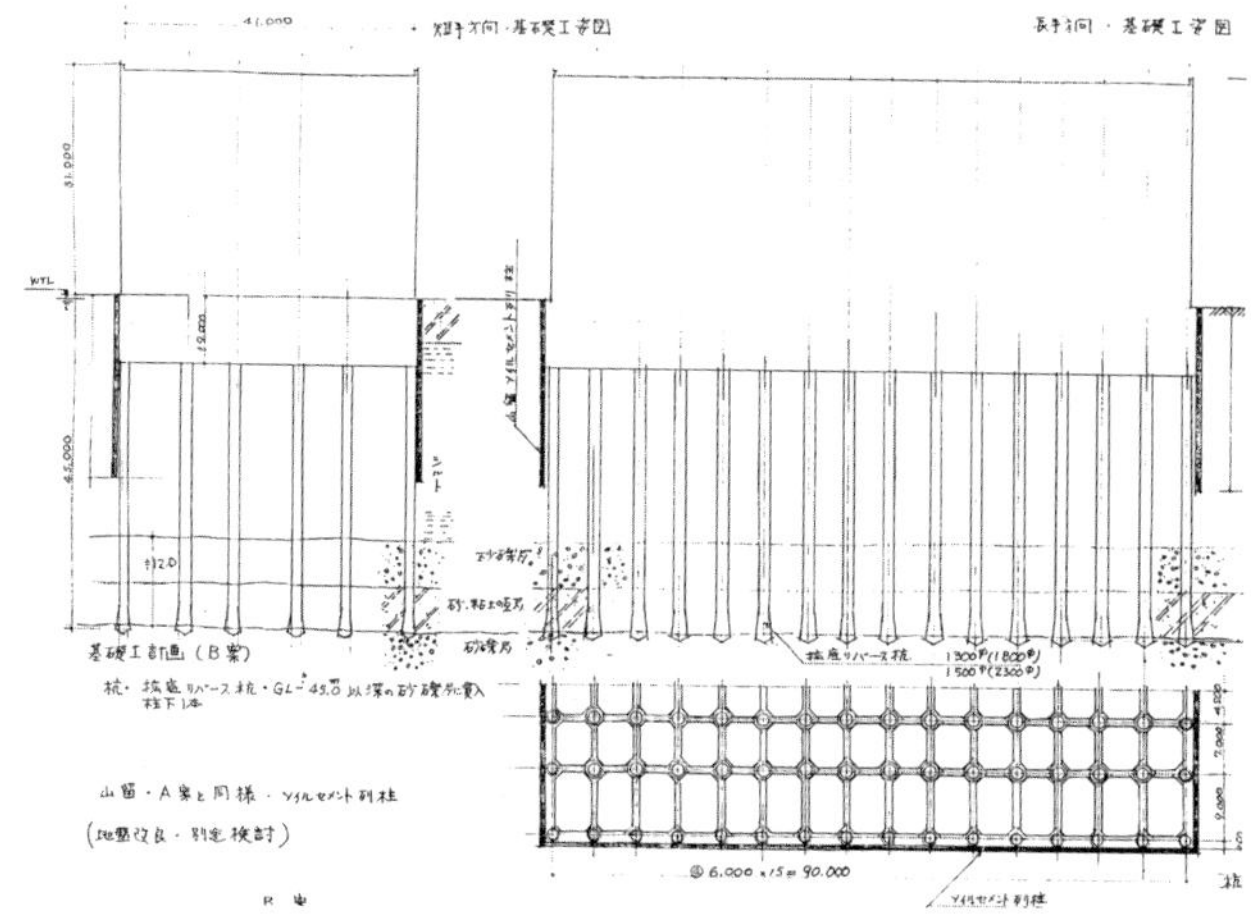

柱下1本の杭の設計（約45m）

六-二　工事費削減の功罪

今では支持層で断面を大きくする「拡底杭」が一般化し、柱下一本の杭の設計に対して何の疑問も持たない設計者や技術者が増えていますが、この大口径柱下一本杭とすることのコストについての検証内容について、少し触れておきます。

柱下二本アースドリル工法で三〇メートル、柱下一本下拡底リバース工法で四五メートルの場合を比較すると、全体工事費として「二から三パーセント減」となる結果が得られていました。当時はなかった大口径の拡底アースドリル工法ではさらにコストは下がっていると考えられます。この拡底アースドリル工法への流れは、後戻りできない状況ではあるのですが、開発当初に行われていた設計上の配慮、施工上の配慮はなくなり、より一層厳格な品質管理が求められていることを、事業者から現場の施工担当者まで強く意識する必要があります。

このわずかな杭工事費の違いを、建設コスト全体、ひいては、事業費としてどのように考えるか、事業者の安全に対する姿勢が問われています。

「紙を見ずして土を見よ」です。

六－三　「設計図通り」が招くもの

ここでは「設計図通り」ということについてもう少し深く考えてみたいと思います。「設計図通り」、この一言が、技術者の安全に対する思考を停止させている可能性があるからです。基準や告示などに適合させる業務が膨大になるに従い、創造的な作業の時間が少なくなる。そんな中で、規準書やカタログから資料を集めて、分担する業務の範囲内で適合する部材や設備機器などを選ぶという、いわゆる技術者の「ハンドブックデザイナー化」が問題視されて久しいのですが、この傾向は姉歯事件以降、設計図と現場施工の整合性が厳しく問われるようになってから、さらに顕著になっています。

皮肉なことに、姉歯事件後の建築士資格更新のための講習会では、「ハンドブックデザイナー化」を戒め、建築士として高いモラルが求められているということがテキストの冒頭で述べられています。膨大になったチェック項目をこなすだけで精一杯になっている最近の設計業務の姿が見えてきます。

杭に関しては、地上部の構造を表す設計図と杭の設計図の意味合いが大きく異なります。目で見て確認できる地上部と、不確定で目に見えない地盤を想定で描いた地下部分の杭という点で大きく異なるのですが、現場では「地上部分の鉄筋の一本一本を確実にチェックする」という作業と、「杭の設計図の内容確認」を同列に考えている品質管理者の存在があります。

上部構造の設計では、計算機で打ち出された部材ごとの鉄筋を忠実に再現するあまり、全く同じような骨組みでも鉄筋の本数が異なり、部材の種類が異常に多く発生している例が多くなっています。しかも、そのことで鉄筋の使用量を1グラムでも少なくしたことを売り物にする設計者がいることも事実です。わずかな違いによって図面枚数は増え、現場での確認作業は増大し、結果として間違いの生じる可能性は高くなります。

しかし、何度も言うように、事業者にとって現場での手間や間違いを生じるリスクはコストに反映されず、少なくなった鉄筋だけがコスト減として事業費になっていくことから、このような設計は事業者からは高い評価を受けます。建築基準法で要求される必要最低限の鉄筋量とすることがコスト競争力となり、現場での※注品質管理上の手間などは事業計画上反映されません。

このことは設計上想定した地震より大きな地震に遭遇した場合には、かなりの確率で甚大な被害を受けることを意味しています。杭の設計も同様な状況にあり、五〇メートル前後の間隔で実施した地盤調査結果をもとに想定した支持地盤に対して設計した杭の設計図（建築確認申請図）をもとに、その通りにつくろうとする施工者、支持地盤の地層が事前の地盤調査結果と多少異なっても「設計図通り」に施工しようとする事業者、設計者、監理者がいます。

杭は建築基準法施行令第38条及び告示などで詳細に規定されていますが、重要なポイントは「設計図通り」よりも、施行令第38条第一項「建築物の基礎は、建築物に作用する荷重及び外力を安全に地盤に伝え、かつ、地盤の沈下又は変形に対して構造耐力上安全なものとしなければならない」という条項です。現場では、杭の先端が確実に支持層に到達しているかどうか、摩擦を考慮している場合は、それぞれの摩擦力を考慮した地層が確実に存在することを確認することが求められます。

一般には地盤は均一ではなく、同じ長さの杭は存在しないはずですが、現場の施工上、なるべく杭頭をそろえて施工をすると、基礎のフーチングの納まりがよくなることから、支持層に対する深さで調整することが多くなります。場所打ちコンクリート杭では杭長の変化に対して、鉄筋のラップ長（重ねる長さ）での調整が可能ですが、既製コンクリート杭では、想定より支持地盤が浅い場合に杭頭をカットする必要が生じます。足りない場合は、継ぎ足してカットするか、新たに必要な長さの杭を用意することになるのです。

十分に支持層に達しない状況になった場合、施工者はどうふるまうでしょうか。厳しい工程の中での施工では、監理者に「設計図通りです」という報告をするとうまくいくということが常態化しています。実は、高度化された品質管理システムほどブラックボックス化し、チェックをすり抜ける可能性が高くなるのです。極端に支持地盤が浅いことが確認された場合でも杭施工会社は「設計図通り」に杭を構築します。理由は元請施工会社が短

品質管理上の手間
例えば、柱や梁の鉄筋の本数がすべて違う場合と、同じの場合では、検査に要する時間が大きく異なるという意味。

くなった分の清算を受け付けないからなのは以前述べた通りです。しかし、予想よりも浅い支持層に対して「設計図通り」として掘り進んだ場合の問題点は、九九ページの「支持地盤に傾斜のある杭」で説明した通りです。

同じ建物で杭の長さが極端に異なる場合は、軸部の摩擦が大きくなることで、杭の軸変形に差が生じることがあり、慎重な検討が必要となります。このあたりの判断は、技術者としての総合力、言い換えれば「総合判断力」が試される場面ではあります。

設計者、監理者、施工者は、杭を「設計図通り」につくることの問題点を十分に理解した上で判断することが「杭」問題を未然に防ぐことにつながります。工程も厳しい中で、設計者の判断を仰ぐというのには忍耐が必要ですが、設計者側も、建築確認申請図を作成した段階で設計が終わったとするのではなく、現場での地盤や地質の確認や、杭全体としての健全性を、上部構造と併せて総合的に判断することも含めて設計作業と捉える心構えが必要です。

七　原点回帰

安全を考えるのは設計者

杭の設計は、先人の失敗の積み重ねの上に成り立つところが大きい。膨大な情報の中から選択するという設計作業の中で、杭だけは見えない地中を相手にする。設計者の力量が問われる所以《ゆえん》である。

ここまで杭に関する調査、設計、施工についてさまざまな角度から述べてきましたが、現在の状況下で言えるのは、設計者、施工者がそれぞれの立場で仕様を満足するように努力はしていますが、建築物全体を俯瞰した上で、適正な杭を選定できるのは、やはり「設計者」しかいないということです。姉歯事件でその権威は大きく揺らいだものの、一級建築士である「構造設計一級建築士[※注]」はそのことができる唯一の技術者であり、建物の安全性を設計に盛り込むことのできる唯一の技術者です。そのことを再度しっかりと認識すべきであると思います。

七－一　設計者の資質

前述したように、建築士の資格更新のための講習会では必ずと言ってよいほど「建築士としてのモラル」や「社会的な立場での判断」が述べられ、ハンドブックデザイナー化するこ

構造設計一級建築士
一級建築士の資格を有し、かつ建築の構造設計を専門とする国家資格である。一定の規模以上の建物の設計では、構造設計一級建築士の関与が義務づけられている。

とに警鐘を鳴らしています。しかし、一方で建築関連法規は細かく規定され、「ハンドブックデザイナー化」はますます進んでいます。鉄筋を一本でも少なくし、杭を一本でも減らせる設計が求められ、本来の安全性を設計から考えるべき「設計者」が絶滅危惧種になりかけてはいないでしょうか。また、そのような業界に若者は将来を託すでしょうか。

杭の設計は机の上だけで行われているのではなく、現場でも行われていることが十分に認識されない結果として、現場任せの不適切な施工が行われ、突然、大きなトラブルに発展したときでも、会社の指示で「設計者」が姿を現すことはほとんどありません。現場での設計を省いた結果、施工ミスという致命的なトラブルを誘発する原因を設計者自らがつくり出してはいないでしょうか。「設計者」は、責任の回避を考えるのではなく、安全に対する責任を受け止める心構えが必要です。訴訟などが長期間に及ぶ要因の一つとして設計者が表に出てこないこともあるのではないかと考えています。

七-二　法体系の整備

これまで述べてきたように、特にマンションに関しては事業者がその詳細な仕様書に基づいて企画するため、事業計画が固まった段階でほぼ設計行為を終えていると言ってもよいでしょう。

施工者の設計施工の場合は、現場が始まってからの仕上げなどの「もの決め」の役割が主な業務となり、現場のアシスタントのような立場となります。そのため、一度大きなトラブルが生じると施工者としての対応となり、設計者の顔すら見えてこない。ここには欧米の設計者との大きな違いがあるように思えます。このことは、建築士法や建設業法が施工者の長年の地道なロビー活動の結果、改正・改訂が繰り返され今日に至っているという歴史的背景も見逃せません。

マンション業界においては、設計者の顔としては著名な外観デザイナーが、ＰＲビデオでも大きく取り上げられることが多くなっています。しかし彼らは「設計者」ではなく外観デザイナーやインテリアデザイナーです。事業者の※注「売り」になるものは何でも使うという姿勢が生み出したブランディング戦略に基づくプロジェクト推進体制です。

マンション業界では、施工ミスが発覚すると、建築関連法規の違反ということで責任の所在が厳しく追及されます。元請施工会社は法的な責任は取りますが、経済的には下請協力会社に負担を求めることがほとんどです。その意味で、杭工事の下請施工会社を選定する基準としてはなるべく大手を選定する傾向が強くなります。本来であれば実際に杭の工法を決めた事業主が責任を負うべき場合もあると考えます。

建築関連法規では建築主の責任を大きく問う場面は少ないのですが、実質的な設計者、品質管理者として責任を問うような建築法体系の見直しも必要ではないかと考えます。

七－三　教育環境の改善

基本的には建築関連法規は事業主が専門家でない場合を想定した体系となっていますが、建築に関する技術が細分化されかつ高度化されている現在では、専門家でもすべての技術について精通することはほとんど不可能な状況です。

その結果として、一級建築士の資格を持った構造設計の専門化である「構造設計一級建築士」や同じく設備設計の専門化である「設備設計一級建築士」という、より専門性の高い資格制度がつくられ、現在に至っています。

マンションを例にあげると、いきなり輪番で管理組合の理事※注となる機会が多いのですが、杭問題などで建替えの報道がマスコミで流されると、ただ不安になるだけで何の対処もできないのが現状です。このことは、建築は専門性が高く、大学教育から行い、独占的な業務を遂行する専門家である建築士をベースとするという長年の教育方針が根底にあると考えられ

事業者の「売り」になる
マンションを販売する上で、ユーザーへのアピールとなるもの。
管理組合の理事
区分所有法に基づき、管理組合の管理規約に基づき、総会で選出される役員で、理事長、副理事長は理事の互選による。

ます。

しかし、今やネット上にあふれているさまざまな専門的情報と、どのように接し活用していくか、自ら判断していく教育を早い段階から行えば、杭のみならず、地震や台風という災害に対する安全性などの確率をもとに冷静に判断できるようになるのではないでしょうか。この数値や統計に基づく思考方法こそが「デジタル化」にあると言ってもよいのではないでしょうか。

現在、建設会社を除けば、多くの企業のトップが経営の専門家ではあるものの、建築の専門家であることはごく少数です。規制改革以降、建築が投資対象の商品として扱われ、経済に組み込まれている状況で、いま一度、「建築のあり方」を問う教育が必要と考えます。

【コーヒーブレイク】

杭にまつわるさまざまな問題

昨今、杭が原因で建物が傾き、建替えに至るという事件が大きく報道されています。訴訟なども継続中の様子ですが、せっかく大金を使い購入したマンションが突然建築基準法違反であることが公になり、社会問題にまで発展してしまうことがあります。大手の事業者を信頼して購入したにもかかわらず、建替えにまで発展する事例も少なからずあります。しかし、不思議なことに当の設計者の姿は全く見えてこないばかりか、事業者の技術者の顔も見えてきません。会社対会社と言えばそれまでですが、技術者が責任を持って真実を明らかにする欧米とは大きな隔たりがあります。このことは、技術者の団体の性格によるところも大きいと言えます。技術者とは何なのか、コーヒーカップ片手に自問自答の日々が続いています。

八　杭業界の構図

国土交通省という岩盤

杭業界に限らず、「業界」の発展は戦後の混乱期から役所指導で行われてきた。現在では、業界の育成という視点は薄れ、「コスト至上主義」が更なる業界の多重構造化を助長している。

杭の歴史は古く、当初は十分な安全性を確保した設計や施工管理の下で施工されていました。しかし、過剰なまでのコスト競争の中で、近年では技術者の良識的判断ができにくい環境となっていることも事実です。

一方で、建築士などの講習会で技術者の社会的倫理観が盛んに述べられていることは、社会的倫理観で施工不良をなくすのが難しいことの裏返しでもあります。

今、人間の基本である「衣食住」のうち「住」の基本である建物の基礎構造の安全性が脅かされています。既に国土交通省からは※注「杭工事の監理に関するガイドライン」が示され運用されていますが、設計者を中心とした安全性を考える土壌の育成という視点が必要になってきていると感じています。

杭工事の監理に関するガイドライン
施工者の視点でつくられているため、設計段階で対応できる内容にまで踏み込んでいない。

八－一　杭業界の基本構造

杭業界を支える政界、官界、さまざまな団体・業界は、見事なまでにコントロールされています。国土交通省を中心とする政官学が一体となった建設業界の基本構造です。

この構造は戦後、急速な復興を遂げるための大きな推進力となってきましたが、一方で専門化、分業化が進み、効率化を求め、やがてコストダウンの最後の砦であった基礎、特に「杭」にもその波が押し寄せてきています。「大臣認定通りの施工を行っていれば大丈夫」という風潮が広まり、元請施工会社のみならず設計者でさえ設計図に工法を書けば、杭に関しては、手離れよく、杭の下請施工会社任せで、責任意識も曖昧なままとなってしまっています。この辺はこれまで述べた通りです。

次図に示す通り、政治家とそれを支援する業界団体との関係こそ、世界でも稀な元請施工会社であるスーパーゼネコンという組織をつくり上げたと言っても言い過ぎではありません。この業界構造をどのように捉えて改善していくかは、今後、若い世代と意見を交わしていきたいものです。

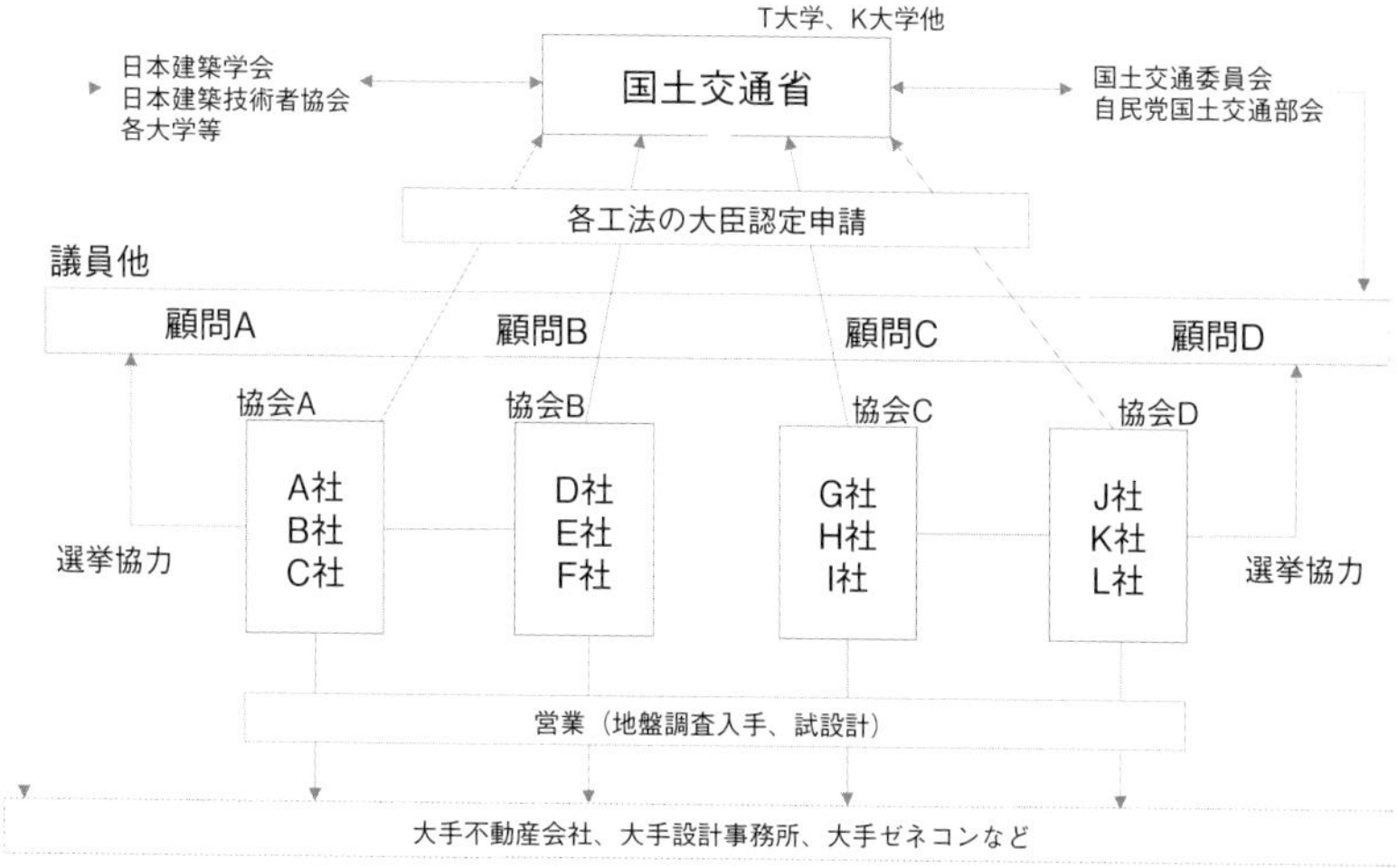

杭業界の基本構造。A～L社は杭の下請協力会社

八―二　場所打ち杭VS既製コンクリート杭

建築杭業界では、格安の場所打ちコンクリート杭の登場で、既製コンクリートの需要が大きく後退した時期がありました。場所打ちコンクリート杭も、拡底リバース工法で湾岸地域における大規模建築物の基礎を中心に普及したかに見えましたが、場所打ちコンクリート杭の先端部分だけを拡大する場所打ちコンクリート杭工法が次々と大臣認定を取得し、拡底アースドリル工法が主流となり、現在に至っています。

場所打ちコンクリート全盛時代に開発されて市場に投入されたのが既製コンクリート杭による「埋込み杭工法」です。当初の埋込み杭工法は、根固め部にPC杭を埋め込んだ後に、最終の打撃を行う「プレボーリング最終打撃工法」から始まります。最後にハンマーで打ち込むことで確実に支持層に達しているということが確認できた工法で、私自身も設計者として最低限の安全性が担保された工法として採用した記憶があります。その後、最終打撃をしないで、支持層内にセメントミルクを圧入撹拌《かくはん》し、そこに既製コンクリート杭を埋め込む「プレボーリング根固め工法」が国土交通省の認定を受け、アースドリル拡底杭工法に対抗していくことになります。この間には、大手杭施工会社の経営不振など、水面下でも壮絶なバトルが繰り広げられていたことは想像に難くありません。

その後は、何社かで基礎の協会をつくり、顧問に政治家を迎えるなどして協会として国土交通省に認定をお願いするというパターンで次々と新工法が認定されています。その結果として、柱からの重量をいかに一本の杭で支持させるかということが技術開発の基本となり、多くの拡底アースドリル工法や根固め工法でも拡底した工法が認定され、安全性の担保が十分とは言えない中での大口径の杭が一般的となってきています。

この傾向は、二〇〇〇年の建築基準法の改正を受けて二〇〇一年に施行された告示一一一三号で杭先端の支持力を大きく設定することが可能となったことで、一層加速していくことになり、今や「摩擦杭」という言葉が死語となりつつあると言えます。しかし、先人が警鐘を鳴らしていた先端支持杭であり、そろそろ立ち止まって、杭基礎について考えてみる必要があるかも知れません。

八－三　多重下請構造

ここではあえて下請構造に触れたいと思います。というのも、この多重下請構造こそが健全な建設業界の発展にとって決してよいとは思えないからです。国土交通省も多重下請構造を問題視してさまざまな検討をしていますが、なかなか前進しないのが現状です。※注

多重下請構造問題が表面化した一つが、阪神・淡路大震災で被害を受けた山陽新幹線の高架です。ずさんな工事はもちろんのこと、元請施工会社と実際に施工する協力会社の間にさまざまな「ペーパーカンパニー」が介在していたことが報じられています。

横浜の傾斜マンションでも、元請施工会社と下請協力会社である旭化成建材の間に「二次下請協力会社」として日立ハイテクノロジーズという本業が半導体関連事業の会社が施工者として加わっています。

この理由は幾つかありますが、「八－一　業界構造」を見渡すと少しずつ見えてくるものがあるかと思います。

国土交通大臣の認定工法の場合、その工法を素早く全国に営業することが重要になり、

杭施工会社の営業が頼りにするのが商社や代理店などです。特に大手の不動産会社などへの売り込みは大手商社などの力を借りることが多くなり、その「貢献度」に応じて紹介料などさまざまな形で杭施工会社から支払いがなされることになります。

営業的な「貢献度」の大きい商社が建設業許可を持っている場合が日立ハイテクノロジーズのケースです。また、大手商社が間に入ることによって元請、下請両者にとって支払いなどの財務面でのメリットがあることも見逃せません。

しかし、消費税が一〇パーセントとなった今では、「七次下請」まであると仮定すると、末端の工事費は一・一の七乗、すなわち約二倍になります。大規模な工事では七次下請けは珍しいことではないので、実際には半分が税金となっていることになります。消費税導入時の三パーセントでは、消費税は一・〇三の七乗で二割強であり、この差は今後ますます大きくなっていくことが予想されます。

多重下請構造
事業者と直接契約する元請施工会社が工事毎に下請工事会社に発注する先が二次下請施工会社、さらに三次、四次となる施工体制のことを多重下請体制という。阪神淡路大震災では新幹線の橋脚のずさんな工事では実態のないペーパーカンパニーの存在が明らかになったが、その後、「監理技術者」の設置の義務化などの改善がなされた。しかし、横浜のマンションの基礎工事の場合は、日立ハイテクノロジーズが「監理技術者」の設置を怠っていたことで行政処分を受けている。

一方でスーパーゼネコンは、都市再開発など大規模物件で熾烈な営業競争を行っているため、厳しいコストが下請協力会社に求められることになります。

結果として、一〇年前と仕様を比べると明らかなスペックダウンが行われ、末端の作業員の労務費がほとんど増えない中での過酷な工程管理となり、重大事故が起きる要素が多くなっています。現にスーパーゼネコンの現場でさえ、以前は考えられなかった重大な労働災害が起こっています。また、品質管理の責任も下請体制となっている現状からは、建築の質の向上には税制の見直しのみならず、建設業法の見直しも必要になってきていると言えます。下請協力会社の育成にとどまらず、業界全体の健全な発展を目指すという視点が求められています。

まとめ

ここまで、さまざまな角度から「杭」について考察してきました。最近の傾向として分業化が一層進み、「国土交通省の認定工法であれば」、「そのことを設計図に記載しておきさえすれば」、設計者としての責任や元請施工会社の責任がないかのように考える技術者が増えているのではないかと思う場面が多くなっています。その一つに杭の施工不良に関わる訴訟で設計者の顔が全くと言っていいほど見えてこないことがあります。

一方で、分業が進むことでの技術の高度化やコストダウンにつながる可能性もあります。しかし、一度大きな事故が起こると、その責任は杭の施工会社に行き着くこととなります。また、大手の元請施工会社も下請保護法の適用にならない補償能力の高い杭施工会社を選ぶ傾向にあり、一定の工事請負金額以上であれば、二次、三次下請会社からも監理技術者を配置する義務が生じ、専門会社としての施工管理を求められることとなります。

幾つかの建築関連法規が制定されて七〇年近い年月が経ちますが、さまざまな場面で、理不尽とは言わないまでも、下請施工会社に多くのしわよせが行き、末端の作業者の労働環境は一向に改善しないばかりか、消費税増税と元請施工会社のコスト競争の中で、無理を押しつけられている構図ができあがってきています。日本のものづくりの原点とも言える現場職人が育つ環境とは言えない状況を改善するためにも、衣食住の「住」の原点に立ち返ることが重要となっています。

今回取り上げたのは「杭」の施工ですが、そのほかにも建築における課題は山積しています。今こそ、建築の原点に立ち返り、その本来の姿を取り戻すべきときではないでしょうか。

キーワードは、「安全は、技術者が責任を持って考える」ということです。

あとがき

今回は、拙著『タワーマンションの真実』の「杭設計の実態と課題」（一五四～一五五ページ）について、業界の実態を踏まえた形でより詳細に解説することで、現在の杭業界、ひいては建築業界全体の姿を浮き彫りにし、課題を共有することで今後の建設業界の健全な発展を考える一助としていただくことを目標としました。さまざまな情報をもとに課題について掘り下げたつもりではありますが、私自身、ますます勉強すべき点は多くなっていると感じています。

また、タワーマンションについては維持管理についてのさまざまな課題が指摘されています。前述の拙著でも「維持管理の重要性」として「管理組合の役割」「長期修繕計画の重要性」「大規模マンションの修繕会計」「タワーマンションの駐車場」「ゴミ収集問題」「LED化の現状」に触れていますが、今後、BIMなどの新しい技術を導入した維持管理についてさらに掘り下げ、次回作『タワーマンションの維持管理』を仲間の協力を得て、完成させたいと考えています。

編集にご協力いただいた建築画報社の皆様や関係者の方々、資料提供をいただいた方々に深く感謝いたします。

最後になりますが、一流の技術者を目指している若者には、この閉塞しつつある業界の壁を打ち破り、アフターコロナの新しい建築の姿を目指してほしいと心から願います。

著者

主な参考文献

一　「帝国議会議事堂建築の概要」営繕管財局　大蔵省営繕管財局　一九三六年一一月
二　「特集　既製コンクリート杭の設計と施工」総説　既製鉄筋コンクリート杭の設計・施工上の問題－主として建築部門を対象として－　基礎工　一九八三年四月　阪口理
三　「低騒音型油圧パイルハンマによる施工上の諸特性」財団法人国土開発技術研究センター　基礎工　一九八五年六月
四　「五重塔はなぜ倒れないか」上田篤編　新潮選書　一九九六年三月
五　「兵庫県南部地震による市立西宮高校校舎の破壊機構」　伊藤淳志他　土と基礎　一九九七年三月
六　「杭の工事監理チェックリスト」日本建築構造技術者協会　一九九八年一二月
七　「鉛直荷重に対する杭の設計を考える」一九九九年日本建築学会（中国）パネルディスカッション資料　日本建築学会構造委員会基礎構造運営委員会　一九九九年九月

八　「場所打ちコンクリート拡底杭の監理上の留意点」日本基礎建設協会 二〇〇〇年
九　「建設事業の品質管理体系に関する技術開発（建築分野）」報告書 国土交通省建築研究所 二〇〇一年
十　「鉄製杭基礎とスクリューパイルに関する歴史的調査」五十畑弘　土木学会論文集 二〇〇三年一〇月
十一　「耐震偽装」細野透著 日本経済新聞社 二〇〇六年二月
十二　「地盤と建築構造のはなし」吉見吉昭著 技報堂出版 二〇〇六年五月
十三　「図解雑学 失敗学」畑村洋太郎著 ナツメ社 二〇〇六年七月
十四　「場所打ちコンクリート杭の施工と管理 二〇〇九年第五版」日本基礎建設協会 二〇〇九年
十五　「建築工事標準仕様書・同解説 JASS4 杭・地業および基礎工事 二〇〇九年第六版」日本建築学会 二〇〇九年
十六　「東京都建築工事標準仕様書（平成26年版）」東京都財務局 二〇一四年

十七　「杭基礎のトラブルとその対策（第一回改訂版）」公益社団法人 地盤工学会
二〇一五年七月
十八　「基礎ぐい工事問題に関する対策委員会　中間とりまとめ報告書」国土交通省
基礎ぐい工事問題に関する対策委員会　二〇一五年一二月
十九　「鋼管杭の技術の変遷と最近の技術開発動向」田中宏征　日下裕貴　新日鉄住金技報第403号 二〇一五年十二月
二十　「杭トラブルを防ぐ設計者の役割」日経アーキテクチャー 二〇一六年三月
二十一「傾斜マンションと『100分の1』の幸運」講演資料 細野透 二〇一六年六月
二十二「タワーマンションの真実」橋本友希著 建築画報社 二〇一六年一〇月
二十三「公共建築工事標準仕様書建築工事編」公共建築協会 二〇一六年
二十四「建築工事監理指針上巻（平成28年版）」公共建築協会 二〇一六年
二十五「場所打ちコンクリート杭施工指針・同解説」日本基礎建設協会 二〇一六年
二十六「場所打ちコンクリートの品質管理のポイント」一般社団法人日本建設業連合会地盤基礎専門部会 場所打ちコンクリート杭の品質管理の現状と課題WG 二〇一七

年六月
二十七「今後の建設産業政策について（案）」建設産業政策会議とりまとめ
国土交通省 二〇一七年
二十八「杭基礎に性能評価型耐震設計を適用する場合の問題点と将来展望」二〇一八年度
日本建築学会大会（東北）構造部門（基礎構造）パネルディスカッション資料
日本建築学会構造委員会基礎構造運営委員会 二〇一八年九月
二十九「持続可能社会と地域創生のための建築基本法制定」建築基本法制定準備会編
A-FORUM出版 二〇二〇年四月
三十「日本の先史時代」藤尾慎一郎著　中公新書　二〇二一年九月
三十一「杭工事問題と再発防止策―建設業の構造的課題への対応―調査と情報九三八号」
国立国会図書館　調査及び立法考査局国土交通課　鈴木賢一 二〇一七年二月

図版出典　図2：「旧相模川の杭」茅ケ崎市教育委員会 平成三〇年
図3：新永間建築事務所（東京第一工事局創設期名称）初代工事写真集 日本国有鉄道東京
第一工事局 一九七八年
図4：「東京駅丸の内本屋基礎松杭の老朽調査」構造物設計資料 No57　日本国有鉄道 一九七九年

年代	杭工法など	法規など	大地震
1975年（昭和50年）	先端支持力とは別に地盤沈下に対する負の摩擦力についての検討	負の摩擦力に対する設計指針が出る	
1976年（昭和51年）	打撃工法への批判、騒音や振動の少ない根固め工法へ	**振動規制法施行**	
1978年（昭和53年）	既製コンクリート杭が破損、基礎設計時に短期応力に対する検討	**建設省告示111号改正**	宮城県沖地震
1979年（昭和54年）	根固め杭工法の設計指針		
1981年（昭和56年）	建築基準法改正	**新耐震設計法**	
1994年（平成6年）	地震力に対する基礎の設計指針	杭頭が地震力を受けることに対する配慮	
1995年（平成7年）			阪神・淡路大震災
2000年（平成12年）	性能規定化、民間確認機関導入	**建築基準法改正**	
2001年（平成13年）	基礎杭の設計の自由度が高まり、高支持力杭工法が普及	**国土交通省告示1113号施行**	芸予地震
2005年（平成17年）		姉歯事件	
2007年（平成19年）	新構造基準が導入：厳格運用　官製不景気	改正建築基準法施行	
2011年（平成23年）			東日本大震災
2015年（平成27年）	杭工事のデータ偽装が全国で発覚		
2016年（平成28年）	基礎ぐい工事の適正な施工を確保するために講ずべき措置	**建設省告示468号施行**	
2016年（平成28年）	基礎ぐい工事における工事監理ガイドラインの策定について	工事監理ガイドライン	
2016年（平成28年）	河川沿いの軟弱地盤で被害甚大		熊本地震

杭の歴史

年代	杭工法など	法規など	大地震
鎌倉時代	最古木杭：神奈川県茅ヶ崎市にある「旧相模川橋脚」	橋の建設	
江戸時代	木杭	水路の発達	
1830年（天保1年）	場所打ち杭の始まり：フランス人ベヨンネが、2mの木杭を地盤に打ち込み、引き抜いた後で砂を充填し、突き固めを行った		
1858年（安政5年）	木杭：三菱造船株式会社、長崎製鉄所の建設のために、スチームハンマーで数千本の木杭が打ちこまれたという記録	近代産業の振興	
1908年（明治41年）	鋼製杭：大阪の高麗橋建設に使用された棒鋼杭が最初	その後、H型鋼から鋼管杭へと進化	
1910年（明治43年）	コンクリート杭：我が国初の場所打ちコンクリート杭	現場締固め既製鉄筋コンクリート杭（角杭）	
1922年（大正11年）	場所打ち杭：ペデスタル杭4351本施工	国会議事堂建設	
1923年（大正12年）	震度k=0.1		関東大震災
1934年（昭和9年）	RC杭：打撃工法「遠心力コンクリート杭（RC杭）」が開発		
1950年（昭和25年）	震度法改正 k=0.2	**建築基準法制定**	
昭和30年代	場所打ち杭：アースドリル工法の普及		
1964年（昭和39年）	地盤の液状化：FL値		新潟地震
1967年（昭和42年）	PC杭：遠心力成形プレストレストコンクリート杭（PC杭）」が開発され、首都高速1号線の橋脚に使用		
1968年（昭和43年）	市街地での打撃工法が問題視される	騒音規制法施行 霞が関ビルオープン	十勝沖地震
1970年（昭和45年）	PHC杭：「遠心力高強度プレストレストコンクリート杭（PHC杭）」が開発		
1971年（昭和46年）	基礎杭の支持力に関する指針がまとめられる	**建設省告示111号施行**	

索引

杭《くい》の深層

構造偽装はなぜ起こるのか

発行日　2021年11月30日　第1版第1刷発行

著　者　橋本 友希

ブックデザイン　山本 宏（ヤマモト・デザイン事務所）

発行者　櫻井ちるど
発行所　建築画報社
東京都新宿区新宿二丁目14-6　〒160-0022
TEL.03-3356-2568
http://www.kenchiku-gahou.com

校閲　麦秋アートセンター
印刷・製本　株式会社たけまる

ISBN978-4-909154-68-2 C3052